*MELHORES*
*POEMAS*

# Augusto Meyer

*Direção*
EDLA VAN STEEN

MELHORES
*POEMAS*

# Augusto Meyer

*Seleção*
TANIA FRANCO CARVALHAL

*São Paulo*
*2002*

© Maria Lívia Meyer de Resende Costa,
Augusto Souza Meyer, 2000

*Diretor Editorial*
JEFFERSON L. ALVES

*Assistente Editorial*
RODNEI WILLIAM EUGÊNIO

*Gerente de Produção*
FLÁVIO SAMUEL

*Revisão*
REGINA ELISABETE BARBOSA

*Projeto de Capa*
VICTOR BURTON

*Editoração Eletrônica*
ANTONIO SILVIO LOPES

Dados Internacionais de Catalogação na Publicação (CIP)
(Câmara Brasileira do Livro, SP, Brasil)

Meyer, Augusto de, 1902-1970
  Melhores poemas de Augusto Meyer / seleção Tania Franco Carvalhal. – São Paulo : Global, 2.002. – (Os melhores poemas)

  Bibliografia.
  ISBN 85-260-0759-9

  1. Poesia brasileira I. Carvalhal, Tania Franco. II. Título. III. Série.

02-1312                                     CDD–869.91

Índice para catálogo sistemático:

1. Poesia : Literatura brasileira  869.91

*Direitos Reservados*

 **GLOBAL EDITORA E DISTRIBUIDORA LTDA.**

Rua Pirapitingüi, 111 – Liberdade
CEP 01508-020 – São Paulo – SP
Tel.: (11) 3277-7999 – Fax: (11) 3277-8141
E.mail: global@globaleditora.com.br

 Colabore com a produção científica e cultural.
Proibida a reprodução total ou parcial desta obra
sem a autorização do editor.

Nº DE CATÁLOGO: **2142**

*Tania Franco Carvalhal*, ensaísta, crítica e professora de Teoria Literária e Literatura Comparada na Universidade Federal do Rio Grande do Sul, nasceu em Rio Grande, RS, em 1943. Doutora pela Universidade de São Paulo, foi a primeira Presidente da Associação Brasileira de Literatura Comparada (Abralic) em 1986. Tendo presidido a Associação Nacional de Letras e Lingüística (Anpoll), é atualmente vice-presidente da Associação Internacional de Literatura Comparada (AILC/CLA). Lecionou como Visiting Professor no Departamento de Literatura Comparada da Universidade de Indiana, Bloomington, e como Professora Associada na Universidade de Paris IV – Sorbonne, além de ter atuado como Visiting Scholar na Victoria University, da Universidade de

Toronto, Canadá. Tem ministrado cursos e conferências no Brasil e em países como França, Portugal, Uruguai, Argentina, Estados Unidos, Itália e Canadá. Estudiosa da obra de Augusto Meyer, publicou, sobre o autor, *À sombra da estante* (1976) e *A evidência mascarada* (1984) e o volume 8 – *Augusto Meyer* – da série Letras rio-grandenses (1987). Sobre a obra de Mario Quintana, publicou a antologia *Quintana, oitenta anos de poesia* (1986), e o álbum *Quintana dos 8 aos 80* (1986). Editou os livros *Obra poética*, de Theodemiro Tostes (1988), *Nosso bairro – memórias* (1989) e, do mesmo autor, *Bazar e outras crônicas* (1994). Organizou a antologia *Notícia do Rio Grande – Guilhermino Cesar* (1994) e o volume de ensaios *O discurso crítico na América Latina* (1996). Em sua área de especialização publicou *Literatura comparada* (1986) que ganhou edição ampliada em espanhol (Buenos Aires, 1997), *Literatura comparada – textos fundadores* (com Eduardo Coutinho, 1996) e *Literatura comparada no mundo: questões e métodos* (1997).

# QUANTO MAIS VAGA, MAIS VIVA

> *E que é a poesia senão isso mesmo: sugerir, por meio de um jogo prismático de palavras, o desdobramento do miserável Eu rotineiro em não sei quantas virtualidades de sonho, entresonho, devaneio, disponibilidade lírica e intensificação da fantasia?*
> "Carta de Petrópolis". In: *A forma secreta* (1965)

A frase que dá título a este estudo é extraída de uma página de memórias na qual Augusto Meyer evoca seus bisavós alemães e que foi integrada à 2ª edição de *Segredos da infância* (1949), em 1966[1].

Saber pouco, ou quase nada, dos antepassados que chegaram em 1824 para dar origem à família no Brasil, assegura ao autor o encanto da evocação e lhe permite liberar a imaginação, mesclando ficção e realidade. A lembrança afetiva atua então como estímulo à criação literária e é nesse contexto de elaboração do imaginário que a frase ganha seu verdadeiro e mais amplo sentido, quer dizer, a recordação, diluída no tempo, é recuperada pela memória em procedimento criador que lhe dá concretude. Por isso, para o escritor, como diz, toda recordação será *quanto mais vaga, mais viva*.

---

1. MEYER, Augusto. "Carta a meus bisavós". In: *Segredos da infância* [1949]. Rio de Janeiro: O Cruzeiro, 1966.

Esta frase torna-se esclarecedora se pensarmos que a produção de Augusto Meyer em todas as suas formas – a ensaística, a crítica literária, a memorialística e a poesia – é uma celebração do poder que tem a imaginação para reconstruir a experiência vivida com mais força e intensidade do que a da realidade experimentada. Sem se atrelar ao real, o autor procura recriá-lo, redimensionando-lhe as coordenadas, nutrindo-o de nuanças, de franjas e de vaguidade. Para ele, interessa sempre menos reproduzir a aparência do real em sua crueza e mais recuperar uma idéia do real que possa expressar, em parte, a sua essência.

Os procedimentos – narrativos e poéticos – de que se utiliza têm a metáfora e o símbolo como recursos preferenciais. Se na poesia e nas obras de reconstituição biográfica Meyer faz predominar o exercício de dissimulação ou de encobrimento simbólico, sua crítica desenvolve uma atuação contrária. Para o autor, o ato criador está relacionado com a capacidade de construir imagens e de suscitá-las, em processo que corresponde a uma espécie de "mascaramento" do real. No entanto, o ato crítico-reflexivo caracteriza-se por um potencial desvelador, pois, como observou, "a crosta das aparências pede bons dentes. Toda obra literária também participa da fatalidade de dissimulação que se postula com o simples exercício da arte: sob o símbolo nasce outra cousa, que é preciso decifrar".[2]

O fragmento transcrito acentua o caráter dual do símbolo, pois que sua representação instala a relação de um sentido a outro sentido, e pode também ser

---

[2]. MEYER, Augusto. "O enterro de Machado de Assis", publicado inicialmente na *Revista do Brasil* (17-11-1946), foi integrado a *Preto & branco* (1956, p. 23).

tomado como definidor de uma concepção crítica que intenta desdobrar essa relação, investigando como ela se constrói.

É de certo modo com esta perspectiva crítica que a obra de Augusto Meyer pode ser lida para que a entendamos em seus vários desdobramentos e modalidades como uma caixa de ressonâncias na qual cada texto remete a outro, cada poesia tem sua correspondência em prosa, e a produção poética é ponto de partida e culminância de um percurso literário cujo objetivo último é a busca da unidade que a singulariza.

## IMAGEM, PALAVRA, MEMÓRIA

*Eu sou o filóis Bilu,*
*Malabarista metafísico,*
*Grão-tapeador parabólico.*
"Canção encrencada" In: *Poemas de Bilu* (1929)

*Madrugadinha a estrela pálida agoniza.*
*Tu vais na cerração como o fantasma branco.*
*Levanta a gola – que frio!*
*O salgueiro se debruça para a sombra do teu vulto*
*Rente do muro velho cresce a relva.*

..................................................

*Tu também estás preso na engrenagem, Bilu,*
*tua cabeça trabalha como um jogo de roldanas.*
"Bilu". In: *Poemas de Bilu* (1929)

*Quantas viagens tenho feito neste canto, aqui no bar! Meus companheiros pensam que estou e conversam com a minha aparência. Mas eu me perdi nos espelhos e nunca mais me encontrei.* "Antonello" In: *Literatura e poesia* (1931)

*Leio na face que eu vejo*
*Para o alto debruçada:*
*Sou tão próximo e distante!*
"Retrato no açude" In: *Últimos poemas* (1955)

A poesia meyeriana lida na seqüência dos versos transcritos, a que se poderiam agregar outros mais de mesma índole, ganha uma configuração muito especial. É possível dizer que desde os primeiros versos ela dramatiza o conflito entre ser e parecer. Ele repercute necessariamente no tratamento dado aos temas do Duplo e do Outro, que se manifestam ao longo de toda a obra, e explica a reincidência de autoretratos, sintomática no conjunto dos textos. Ora são poemas que refletem a imagem do eu lírico como se fossem espelhos, ora é a memória liberando nos textos autobiográficos a figura do narrador-personagem em diferentes momentos de vida (como está em *Segredos da infância*, 1949, e *No tempo da flor*, 1966) ou assumindo uma função muito clara de ligação entre textos na reescrita da poesia, e, ainda, se quisermos, é a adoção constante da perspectiva do leitor na obra ensaística que constitui os indícios mais evidentes da tendência do poeta à introspecção e à análise interior.

Leia-se nessa direção o poema "Sanga funda" que está na abertura do volume *Poesias* (1922-1955) da Livraria São José, edição definitiva organizada pelo autor e editada em 1957. Embora o poema apareça no volume como tendo sido escrito nos anos 20, sabe-se que este texto é de elaboração bem mais tardia. Graças à pesquisa, foi possível identificar que sua elaboração data do início dos anos 50 e, para maior reforço, a leitura do poema nos permite depreender que sua escrita tem um timbre retrospectivo, o que supõe um distanciamento só adquirido nos últimos poemas, escritos ao final dos anos 40 e início de 1950. Ali se lê:

> *Numa cisma vagabunda,*
> *Olhando-me cara a cara,*
> *Quantas vezes me abismara:*
> *Água clara... alma profunda...*

O debruçar-se sobre si mesmo, em atitude intimista, é manifestação de uma tendência quase orgânica ao auto-exame, como está no terceto conclusivo:

> *Aprendi a ser bem cedo*
> *Segredo de algum segredo,*
> *Imagem, sombra de imagem...*

Nos poemas reunidos nesta antologia, a postura de Narciso reincide em insistente busca de autoconhecimento. Daí os motivos nucleares da poesia meyeriana serem os espelhos (água parada, superfície lisa, a própria folha branca do texto), o tempo que passa como consciência aguda da transitoriedade, o jogo de oposições de contrários, a sedução entre os extremos (Eros e Thanatos, por exemplo) e o conflito entre a conservação da vida e a atração da morte.

Todos esses motivos estão presentes nos poemas iniciais, como se pode ler em *Coração verde* (1926), o primeiro livro publicado. Mesmo que ali se queira construir um cenário de luz e claridade, e por isso os poemas fixem o *carpe diem* e celebrem o amor e, de certa forma, busquem o imprevisto, há sempre o contraponto da sombra à luz como está no quarteto conclusivo de "Poema desta manhã":

*Filha do sol, manhã morena,*
*Chama viva, toda impulso e fervor,*
*Por que desceste à minha sede?*
*Quem te prendeu na minha sombra, luz?*

O último verso enuncia uma atitude centrada no eu, que irá constantemente retornar, mesmo nas relações amorosas, como se lê ao final de "Malícia":

*É lindo. Mas repara: ao fundo, vê-se*
*A tua imagem refletida.*

Do mesmo modo, o poema, intitulado sugestivamente "Espelho", que abre o livro seguinte, *Giraluz*, de 1928, é neste sentido exemplar e revelador. Da indagação inicial – *Quem é esse que mergulhou no lago liso do espelho / e me encara de frente à claridade crua?* – aos últimos versos, perpassa a angústia do desdobramento continuado que é vista agora como fatalidade:

*Não poder fugir da introversão,*
*Tocar a carne da evidência!*

*Dói-me a ironia de pensar que eu sou tu, fantasma...*

A temática do espelho duplicador reincide em variantes, *na vidraça garoenta deste bar / namoro o meu reflexo vago e esguio*, por exemplo ("A Mário Quintana"), de *Poemas de Bilu* (1929) para repetir-se neste mesmo livro, na apropriação do verso de Píndaro (*Nós somos a sombra de um sonho na sombra*) e no retrato definitivo do falsete, *o filóis Bilu*, da "Canção encrencada":

*Reduzo tudo a mim-mesmo,*
*Não há nada que me resista:*
*Pois o caminho mais curto*
*Entre dois pontos, meu bem,*
*Se chama ponto de vista.*

Se Bilu, *alter-ego* do poeta, concretização do drama do duplo intensamente por ele vivenciado e do espírito de rebeldia que caracteriza uma de suas formas de ser, introduz a ironia necessária ao distanciamento que permitirá a autoanálise e a crítica social, será outra a voz que se expressa mais tarde, nos "Últimos poemas", dos anos 50, nos quais predominam lucidez e melancolia. Ali, "Retrato no açude" deixa ler uma sensação de final e de conformismo, como se o percurso se concluísse e nada mais fosse possível buscar ou alterar:

*Em si mesmo dividido,*
*Fantasma perdido e achado,*
*És reflexo refletido*
*Em teus olhos retratado.*

Em estudo anterior[3], apontei que a palavra de ordem, ao contrário do que acontece nos anos 20, nos poemas elaborados nos anos 50 é "aceitação". Expressa-se aí uma clara anulação da vontade. Por outro lado, eles introduzem, no conjunto da obra, uma nova dicção, que não oculta sua natureza simbolista, pois nos poemas derradeiros há uma constante interpenetração de linguagens, a musical e a

---

3. CARVALHAL, Tania Franco. *A evidência mascarada – uma leitura da poesia de Augusto Meyer.* Porto Alegre: L&PM, 1981.

13

plástica construindo o verso. Tanto a sonoridade desses como a ênfase nos aspectos visuais indiciam o lirismo que quer mobilizar simultaneamente todos os sentidos do leitor. A nostalgia dominante e a intensa musicalidade dos versos acentuam ali a intenção de recompor o trajeto de vida e poesia em procedimento muito proustiano. A memória, portanto, é recurso dominante no que se poderia chamar de "poética do refazer", pois ao organizar suas poesias completas, Meyer retoca os textos, substitui poemas, ordena-os, para dar-lhes unidade. Assim, na edição de *Poesias* (1922-1955), em 1957, o poema intitulado "Brinde" substitui "Pastoral", no livro *Coração verde*, "A impossível oração" surge em lugar de "Oração a Nossa Senhora das Dores" que com a "Oração ao Negrinho do Pastoreio" compunha originalmente o volume *Duas orações* (1928) e o volume *Poemas de Bilu* ganha quatro acréscimos: "Animula vagula", "Poema para Germaninha", "A Mário Quintana" e "Adágio para Sotero Cosme", todos eles de igual tonalidade nostálgica, característica da última fase. Identificar essas alterações é importante porque possibilita que se veja como compõem o movimento de retorno do autor sobre a própria obra em procedimento de reescrita que terá sido também responsável pelo surgimento do conjunto de poemas que abre o livro de 1957, com o título de "Alguns poemas", e não constava de *Ilusão querida* (1923), a primeira plaquete publicada.

Além disso, a leitura dos poemas finais permite que se perceba como a memória é ali recurso essencial. Por seu efeito, recuperam-se não só temas, mas formas líricas anteriores e bastante convencionais. Assim, ao anticonvencionalismo que imperava em

*Poemas de Bilu*, sucede, anos depois, uma poesia sem as marcas vanguardistas da primeira fase e acomodada no acolhimento de padrões tradicionais.

A insistência no soneto tem, neste último conjunto, uma função específica: seu emprego reiterado constitui ainda uma estratégia do dizer, que quer recuperar o passado inclusive em seus aspectos formais. Além disso, o refúgio na tradição das formas significaria, também, uma busca de controle e de equilíbrio, considerando-se que a tradição exerça uma função simbólica de contenção.

A memória recupera então não só maneiras anteriores de fazer poesia como também elementos da infância, de tempos e de formas de ser precedentes. Tudo se resume em busca. Daí a pergunta, em "Flor de Maricá", de *Alguns poemas*:

> *Mas onde estás, poeta louro?*
> *E onde está o teu tesouro*
> *De amor, de mágoa e queixume?*

O poema, de elaboração tardia, guarda a tonalidade nostálgica dos versos de Villon, que se incorpora também na *Balada-prefácio*, elaborada para a reedição de *Poemas de Bilu*, pela Pongetti, em 1955:

> *Bilu, em vão eu me aprofundo*
> *Em quimeras de gosto e engano;*
> *A todos e a tôdolo mundo*
> *Digo: u som as névoas d'antano?*

A mesma tonalidade evocatória implantada pelo jogo intertextual está em "Cantiga de marca velha" e "Distância", de *Últimos poemas*, nos quais a recuperação de imagens, de sons e de aromas conhecidos é uma constante:

> *No ar da tarde flutua*
> *Fino aroma de espinilho*
> *E de flor de maricá*

Volta, portanto, o poeta ao início, a um tempo inaugural, às imagens primitivas, às formas fixas, aos temas recorrentes. Nesse contexto de recuperação do passado, a "várzea" do poema "Distância" corresponde a Delos de Proust, ilha misteriosa, "que a memória recorta no mar do tempo e do espaço, mas não consegue ligar a uma data, a um nome de lugar, a uma reconstituição qualquer de acontecimento definido"[4].

A atitude reflexiva – o ser voltado sobre si mesmo – reproduz-se como estratégia textual, e a poesia de Meyer volta-se também sobre si. De um lado, ela adquire uma intenção metalingüística e, de outro, desenha-se de forma circular, descrevendo-se como

> *Corredor do tempo esquecido*
> *Onde o eco responde ao eco,*
> *Em vez de janelas, reflexo*
> *De espelho a espelho, refletido.*

Jogo de espelhos, seqüência de reflexos, luz e sombra, preto e branco, vida e morte, contraposição de extremos e de opostos são traços definidores da busca de si mesmo que se retrata ao longo dos poe-

---

4. MEYER, Augusto. "A ilha flutuante". In: *Preto e branco* [1956]. Rio de Janeiro: Grifo, 1971. p. 108.

mas. Compreende-se, então, por que Meyer irá dizer, num estudo sobre Machado de Assis, que *cada palavra impressa esconde um espelho de mil facetas onde a nossa imagem pode multiplicar-se até a tortura dos indefiníveis.*

## DO PRÓPRIO E DO ALHEIO

*Paisagem longa, na ondulação das coxilhas longas...*
"Querência". In: *Coração Verde* (1926)

*Há um esplendor azul banhando o campo:*
*é a estrela boieira.*
*A noite mora na canhada.*
"Oração da estrela boieira". In: *Giraluz* (1928)

*Este vento faz pensar no campo, meus amigos,*
*Este vento vem de longe, vem do pampa e do céu.*
"Minuano". In: *Poemas de Bilu* (1929)

*Foi lá que eu deixei enterrado o segredo das horas que voltam, a um canto humilde da praça, com a cor, o som, o gosto, o mistério e a tortura da evocação.* "Praça do paraíso" In: *Folhas arrancadas* (1944)

*Cemitério de campanha.*
*Lá, o tempo adormeceu.*
"Cemitério campeiro". In: *Últimos poemas* (1955)

O movimento circular que a obra poética concretiza elucida também uma questão nuclear: a adesão do poeta ao particular, ao individual, ao *terruño* desde os primeiros versos.

Desde o início observa-se o aproveitamento do local, da paisagem e dos elementos identificadores da campanha sul rio-grandense. *Coração verde*, com base no título usado como metáfora do umbu, árvore frondosa e característica da paisagem gaúcha, manifesta a disposição afetiva para com a Província. Isso traduz um consciente enraizamento do eu lírico, sendo fator de busca das origens, coincidente com a busca de si mesmo. Assim, a continuada afirmação das raízes gaúchas corresponde a um desejo de autenticidade, a uma vontade de entender a si mesmo como ser situado no tempo e no espaço e pertencente a determinado lugar. Daí tantos títulos de poemas que reproduzem elementos da vida campeira: "Querência", "Gaita", "Cemitério campeiro", "Manhã de estância", "Galpão", "Minuano" e tantos outros, menos explícitos, disseminados nos vários livros do autor. Contudo, se é fácil identificar em Meyer localismos, pela ambientação dos poemas e sua própria sugestão, não se lhe reconhece uma diluição no local. Ao contrário, o referencial utilizado é reconstruído para que dele se tenha uma outra medida, não restritiva, mas universal.

Nessa medida, interessa referir que Augusto Meyer soube conciliar o urbano e o campeiro, a dimensão culta com a popular, encontrando o ponto de equilíbrio entre a expressão do particular e a inclinação ao geral. Sua obra traduz o que Guilhermino Cesar chamou de "localismo literário dos gaúchos, árvore cujas raízes mergulham no chão da Campanha".[5]

Essa maneira de ser "regional", traduzida em adoção de "conteúdo regional", assegurou a Meyer sua inserção na literatura brasileira com marcas de pertença, isto é, com traços de origem e tradição. Soube, sobretudo, tratar temas locais com formas universais,

---

5. CESAR, Guilhermino. "A vida literária". In: *Rio Grande do Sul – terra e povo*. Porto Alegre: Globo, 1969.

estabelecendo um amplo leque de relações que renova o significado dos termos e lhes dá um maior alcance. Apropriou-se de canções populares, não originalmente locais, mas oriundas da tradição açoriana, como assimilou também em sua poesia autores universais, de Píndaro a Shakespeare, de Villon a Proust, Dostoiévski e Valéry. Incorporou-se também ao grupo modernista, mantendo contato sobretudo com Mario de Andrade[6] e adotando recursos do verso desta época: o corte brusco, longas enumerações, apropriação do popular e da linguagem coloquial.

Na relação com o alheio, tratou Meyer de dialogar, na crítica e na poesia, com grandes autores. Na afirmação do próprio, procurou reescrever alguns temas emblemáticos do folclore gaúcho que ganharam estilização literária, entre eles o conto "Negrinho do Pastoreio", de Simões Lopes Neto. Transformada a lenda por Meyer em "Oração ao Negrinho do Pastoreio", o poema-prece exprime a busca de identidade que a adesão mais genérica ao tema já estava a identificar. Nela dirá:

> *Eu quero achar-me, Negrinho!*
> *(Diz que você acha tudo)*
> *Ando tão longe, perdido...*
> *Eu quero achar-me, Negrinho:*
> *A luz da vela me mostre*
> *O caminho do meu amor.*

Nessa busca, o eu lírico associa seu drama interior com o do personagem da lenda, colocando na

---

6. Leia-se *Mario de Andrade escreve cartas a Alceu, Meyer e outros*. Rio de Janeiro: Ed. do Autor, 1968.

crendice popular toda a sua convicção. O verso que se reitera como súplica é central para a leitura interpretativa do poema; nele se concentra o desejo de encontro consigo mesmo e do rumo certo:

> Negrinho, você que achou,
> Me leve à estrada batida
> Que vai dar no coração!
> Ah os caminhos da vida
> Ninguém sabe onde é que estão!

Portanto, é possível considerar que, em Meyer, a exploração do local, como cenário ou elemento constituinte da poesia, corresponde a uma afirmação muito clara de origem, como se "o neto de imigrantes" tivesse de declarar-se inteiramente integrado na região onde nascera e vive. Sua poesia atesta a familiaridade com aspectos e com o imaginário sul riograndense que não adviria certamente da experiência com a vida do campo. Intelectual essencialmente urbano, Meyer, no entanto, aprofundou-se no conhecimento de sua terra e sua gente por meio de pesquisas que se refletem nos estudos integrantes de *Prosa dos pagos* (1943, 1960), no *Guia do folclore gaúcho* (1951, 1975) e no *Cancioneiro gaúcho* (1952, 1959), além dos que dispersou em outros livros e em jornais. Assim, uma outra seqüência de poemas, constituindo um outro fio de leitura possível de sua poesia, pode ser construída tendo por tema o Rio Grande e suas marcas essenciais.

Sua cidade natal, Porto Alegre, tem também um espaço grande na obra de memória, nos textos em prosa poética de *Literatura e Poesia* (1931) e em vários poemas nos diferentes livros. É continuamente referida como o lugar de onde saiu e para onde cabe voltar.

Um dos aspectos mais interessantes de sua poesia, e que melhor traduz a relação de equilíbrio estabelecida entre o particular e o geral, como um modo de tratar o próximo com características que ultrapassam as fronteiras naturais, será a escrita de alguns elementos característicos da região com recursos técnicos próprios que contrastam com os da tradição ocidental. É o caso, por exemplo, do poema "Cemitério campeiro", dos *Últimos poemas,* para cuja elaboração Meyer utiliza recursos do verso de sete sílabas, a redondilha maior, com rimas alternadas. Ao fazê-lo, manifesta claramente sua vontade de despojamento. Volta-se para formas populares e simples, usa o vocabulário comum, procurando desfazer qualquer traço cerebral que a evocação do poema de Paul Valéry, "Le cimetière marin", desde a similaridade do título, poderia ocasionar. Distintos, os dois textos não deixam de ter certo parentesco, pois Meyer apropria-se dos motivos do poema francês lendo-os por seu avesso, valendo-se da alusão intencional a esse poema para acentuar as características dominantes e contrárias na sua poesia. Como o seu correspondente, "Cemitério campeiro" cristaliza o tema da morte. Mas o trata na singeleza de formas dos cantadores, fazendo convergir a paisagem exterior com o que vai no íntimo do eu lírico. O silêncio, o vazio e o nada que ali se inscrevem aludem à reprodução desses elementos na paisagem interior. Ao fazer coincidir a paisagem que vê (ou evoca) com seus próprios sentimentos, o eu lírico anota:

> Nesta paisagem abstrata
> Meu sonho se deita e dorme,
> Terra e céu fecham o abraço,
> A imensidão se dilata
> Como um pensamento enorme
> Embriagado de espaço.

O descampado do cemitério tem seu contraponto no esvaziamento interior que o eu lírico deseja expressar. Mais uma vez Meyer explora a articulação entre as duas paisagens, estreitando as relações entre o ser e seu espaço natal e convertendo sua poesia na prática do pensamento teórico que exprime nos textos em prosa. Lê-se então o poema como ilustração do que escreve em A forma secreta (1965), seu último livro publicado, quando diz: "Cada palavra é uma transparência simbólica e uma janela aberta para paisagens interiores."[7]

## O SILÊNCIO DA LIRA

> A minha frauta se chama silêncio.
> E sinto na mentira da boca o aviso do psiu...
> 
> "Psiu". In: Literatura e Poesia (1931)

O Livro de 1929, Poemas de Bilu, é sem dúvida um marco na poesia de Augusto Meyer. Nele, o eu lírico leva às últimas conseqüências o desdobramento, resolvendo o drama interior pela concretização do duplo. Bilu é a face rebelde, descontraída, capaz de expressar o descontentamento, de efetuar a crítica social (em poemas como "Chewing gum", "Canção

---

[7]. MEYER, Augusto. A forma secreta. Rio de Janeiro: Lidador, 1965 [Grifo, 1971, Francisco Alves, 1981], p. 21.

do gordo" ou "Delirismo"), de acolher a vanguarda das formas, de associar-se às intenções modernistas, enfim, de "dançar a sua dança", como o fez Manuel Bandeira em "Pasárgada".[8] O desejo de evasão está em poemas como "Minuano":

*Todas as vozes numa voz, todas as dores numa dor,*
*todas as raivas na raiva do meu vento!*
*Quem bem me faz! mais alto compadre!*
*derruba a casa! me leva junto! eu quero o longe!*

A fuga, sempre associada à preservação do que é próprio, é expressão de rebeldia: o distanciamento, mais uma vez, é imperioso para uma visão melhor da realidade observada. Bilu, que depois, em *No tempo da flor* (1966), será identificado como o poeta ele mesmo, concentra todos os desejos e todas as expectativas.

O livro de 29, portanto, é o espaço sem limites da experimentação. A ele segue-se uma outra obra curiosa, *Literatura e poesia*, em 1931. Trata-se de uma reescrita em prosa do livro anterior. Quase todos os poemas aí ganham outra formulação, oscilando entre a crônica, a prosa poética e o conto curto. Trata-se de novo campo de experimentos no qual os gêneros imbricam-se. De um lado o poeta realiza a experiência da reescrita, de outro afirma a rebeldia de outro modo, com recursos de natureza vária. A figura de Bilu, dominante no livro precedente em que tinha a função de disfarce, é aqui minimizada. Em prosa

---

8. Leia-se sobre a questão, Mário de Andrade, "A poesia em 1930", de *Aspectos da literatura brasileira*. São Paulo: Livraria Martins s/d, p. 28-45. "O tema do 'vou-me embora pra Pasárgada', é o mesmo que está cantado nas *Danças*, de Mário de Andrade, e em especial é o que dita o diapasão básico dos *Poemas de Bilu*, de Augusto Meyer", p. 32.

parece ser mais difícil "outrar", como observou Fernando Pessoa.[9] O anarquismo bilusiano que deve certamente muito à leitura de Jarry, no volume de 1931, manifesta-se nos textos que tratam da "patafísica", gerando uma "metapatafísica", seguindo o rumo das viagens subjetivas do Docteur Faustroll (um novo Fauto viajante como o nome indica ao associar Faust e "rollen", rodar) e procurando solucionar a dualidade pela evasão ao inconsciente.[10] Por isso, a irreverência característica de Bilu, em 1929, dá lugar a uma entrega voluntária ao inconsciente de forte teor surrealista em 1931. Se Apollinaire, Rimbaud e mesmo Baudelaire eram presenças visíveis em *Poemas de Bilu*, é Jarry a grande sugestão do livro posterior.

*A cabeça foi feita pra dor de cabeça, dizia um filósofo constipado*, dirá em "Mais metapatafísica", dando seguimento à ironia que se manifestara antes com tanta liberdade e agora é contrabalanceada pela lucidez amarga do "Discurso do Zaori":

> *Porque eu nasci zaori, oui! zaori varador de parede, enxergador dos outros lados de tudo, olho transcendentalista, e as coisas deixaram de existir para mim porque elas não se defendem mais, perderam o pudor, ficaram transparentes.*

A mescla desses dois sentimentos no livro de 1931 anuncia de certo modo o silêncio poético que se seguirá. Depois deste livro, Meyer só voltará a escre-

---

9. PESSOA, Fernando. "Em prosa é mais difícil de se outrar". In: "Nota Prelimiar" a *Ficções de interlúdio*. *Obra poética*. Rio de Janeiro: J. Aguilar Ltda. 1960, p. 130.

10. Procurei analisar longamente esta questão nos capítulos "O desafio do falsete" e "A flauta e o silêncio" de meu livro *A evidência mascarada – uma leitura da poesia de Augusto Meyer*, 1984.

ver poesia nos 1940, dedicando-se integralmente à crítica literária e ao ensaísmo. Em 1935 publica o antológico estudo sobre Machado de Assis e em 1947 reúne trabalhos publicados em jornais em *À sombra da estante*. Apenas em 1957, prepara o volume das poesias completas já referido. Como explicar esse silêncio? Uma opção pela prosa? Desencanto pela poesia ou falta de inspiração poética? As tentativas de explicação poderiam multiplicar-se. É possível falar de contenção após o momento de livre expressão, uma espécie de surdina que viria neutralizar a ruidosa explosão anterior. Depois da flauta, o silêncio. Mas ainda se pode procurar entender a suspensão da produção poética pela própria poesia se atentarmos para o poema "Bailada", integrado ao livro de 1929 apenas na edição de 1957. Nele fica clara a elaboração posterior, pois participa do "ritornelo destas retornadas", maneira como o próprio autor designa o processo de reescrita da obra. Nele, temos um outro Bilu, oposto ao anterior e de quem se diz:

> *Ai Bilu de corincho caído.*
> *Ai Bilu de corincho quebrado,*
> *Quem te viu tão desenxabido,*
> *Quem te vê tão desenganado.*
>
> *Ai Bilu, já não serás bom jogral,*
> *Já não serás nem jogral, nem segrel,*
> *Nem trovarás, ai! como proençal,*
> *Nem cantarás, ai! qual menestrel!*

No retrato que ora se faz de Bilu predomina o desencanto, a impossibilidade de atuar como antes, de ser "proençal" ou "menestrel". Diante do espelho, a imagem altera as feições e esta impotência a que o eu lírico se volta pode ser a do final dos anos 50 como também a que silenciou a veia poética em 1931.

A quadra final se quer consoladora:

> Mas bailemos, mentr'al non fazemos,
> Bailemos poemas, cantigas, bailadas,
> Bailemos, ai Bilu, bailemos ao menos
> No ritornelo destas retornadas!

A busca de apoio na tradição, na linguagem dos cancioneiros, ainda que expresse a nostalgia própria de Villon que caracteriza todo o processo de retorno aos textos, também está a manifestar a impossibilidade de encontrar formas novas, a desistência ao ensaio e à experimentação, que marca os poemas dos anos 50. Como se avaliasse a insuficiência de recursos poéticos, incapaz de enfrentar a mistificação quando esta atinge a linguagem, Meyer dirá, em "Metapatafísica", que

> "Toda idéia que pousa, morreu. No momento que ela fechar as asas minha sombra descerá sobre mim. Toda idéia que voa, vive. Toda idéia que eu agarro é um punhado de cinza. (E a palavra bonita murchou no papel, cadê o que ela queria dizer?)"

A crise é, portanto, de linguagem. Ou melhor, origina-se na relação do poeta com a linguagem. O impasse a que chega o leva a buscar outras formas de expressão, voltando-se então para o ensaio e a memorialística.

O silêncio, instaurado em 1931, corresponderá a uma espécie de perda do lirismo que esperará até os anos 50 para ser recuperado. A tentativa, como vimos, só encontra apoio nas formas tradicionais e numa volta aos traços simbolistas da poesia inicial. O retorno à poesia ainda será uma busca de si mesmo com a qual se entrelaça, com está em "Luar dos trigais":

> *Aroma de espinilho, flor do espinho,*
> *Luar dos trigais, ingênua voz da trova,*
> *Cantai na minha voz com alma nova,*
> *Daí-me a perdida luz do meu caminho!*

## UMA CAIXA DE RESSONÂNCIAS

O projeto do autor de dar um fecho à sua obra acaba por repercutir na totalidade dos textos: eles se completam e se respondem como se estivessem em uma "caixa de ressonâncias". Por isso é possível seguir determinados fios – o da introspecção, o da adesão ao próprio, o da poética do refazer como um resgate do lirismo, o das relações intertextuais na apropriação criativa do alheio, o da articulação entre os textos – que aqui são propostos para a leitura da obra, com a inclusão nesta antologia de poemas que permitam visualizar essas linhas.

Se na literatura brasileira Augusto Meyer é conhecido como expressão de erudição e sensibilidade, cuja obra ensaística foi capaz de intuir aspectos importantes da obra de autores como Machado de Assis ou identificar questões literárias que ainda hoje têm atualidade, como procedimentos de estudo em literatura comparada ou conceitos no âmbito de teoria e da prática de tradução literária, sua poesia é quase desconhecida. Isso se deve, em parte, a não reedição de seus livros. Acresce a isso também o fato de o autor ter interrompido sua produção poética durante vários anos, como se viu, e de se ter desinteressado da divulgação da existente. No entanto, o lugar que lhe cabe ocupar, em particular na literatura sul rio-grandense, é decisivo. Sua obra insere-se aí como um exemplo acabado de conciliação do particular e do geral que se individualiza no conjunto dessa poesia, pois que ela tende, às vezes, a enfatizar o primeiro (caso de Vargas Neto, por exemplo), em outras, a priorizar o segundo, como acontece na obra de Eduardo Guimaraens.

Outro aspecto a considerar nessa mesma direção é que Meyer problematiza a questão da identidade articulando-a com a busca de raízes. Essa associação encontra uma correspondência na obra de Jorge Luís Borges, por exemplo, expressando certa afinidade entre os dois autores.[11] Não teria sido por acaso que ambos se tenham voltado para a análise do *gauchismo* (platino e sul rio-grandense, respectivamente) conseguindo, os dois, entendê-lo com distanciamento e espírito crítico poucas vezes igualados nas duas literaturas. Pode ser incidido nesta necessidade de conhecimento do próprio a ânsia de enraizamento de duas personalidades literárias de formação européia que buscavam, desta forma, apoderar-se de algo com o qual se sentiam, simultaneamente, próximos e distantes.

Ressalta-se ainda que, como eixo central da produção meyeriana, a questão do desdobramento interior assegura modernidade à sua poesia. Enfrentada

---

11. Não esqueçamos que Meyer, com Alexandre Eulálio e Fausto Cunha, é dos primeiros a escrever sobre o autor argentino.

diferentemente por poetas distintos e levada a sua dimensão extremada e melhor resolvida com Fernando Pessoa, que concretizou realmente a ambição de "outrar-se", essa questão relaciona-se com a do fingimento literário e a da fragmentação do eu lírico. Em Meyer, como vimos, nucleariza toda a produção literária e mesmo ensaística, convertendo-se em mote inspirador e organizador de toda a obra. Deste modo, o que poderia ser um elemento redutor, caso alcançasse apenas uma dimensão temática, transforma-se em verdadeiro nutriente da criação e permite que sua obra dialogue com a de vários autores, entre eles Jorge Luís Borges, como se viu. Se este temia os espelhos,[12] Meyer era por eles atraído; se Bilu logra concretizar o desdobramento, em Borges os espelhos se multiplicam, criando um mundo labiríntico no qual se projeta a sua imagem. Como se percebe, são diversas as formas dos dois escritores tratarem a fragmentação do eu embora a inquietação que os move seja similar. Mas mais do que identificar semelhanças ou diferenças entre as duas obras, interessa aqui apontar os aspectos de confluência como indícios de modernidade. É com relação a Borges que o autor irá retomar, de outra maneira, a idéia contida na frase reproduzida como título no início. Ao escrever sobre o autor argentino, Meyer dirá que há nele "a um só tempo, um zaori e um diabo rengo, um olho clarividente, a par de um olho vesgo e turvo, que mistura as coisas por gosto e magia, para que pareçam mais ameaçadas, mais imprecisas e mais poéticas".[13]

---

12. Leia-se, por exemplo, "Los espejos velados". In: *El hacedor. Obras completas*. Buenos Aires: Emecé, 1974, p. 786.
13. Meyer, Augusto. *A forma secreta*. Rio de Janeiro: Grifo, 1965, p. 130.

Vê-se, então, que "imprecisão" (como "vaguidade") é condição favorável (e mesmo necessária) à poesia: as coisas q*uanto mais imprecisas, mais poéticas.*

Dentro da melhor tradição ocidental contemporânea, Meyer crítico reflete sobre o fazer não apenas na própria poesia (vejam-se os vários poemas que tematizam o ato criador), mas também em textos, como este, que veiculam seu pensamento e concepções poéticas.

Estas são, com efeito, algumas das múltiplas razões para que promova a releitura da poesia de Augusto Meyer e, dessa forma, de toda a obra.

*Tania Franco Carvalhal*

*POEMAS*

*ALGUNS POEMAS
(1922-1923)*

# SANGA FUNDA

Vem ver esta sanga funda
com remansos de água clara:
lá embaixo o céu se aprofunda,
a nuvem passa e não pára.

Numa cisma vagabunda,
olhando-me cara a cara
quantas vezes me abismara:
água clara... alma profunda...

E que estranho era o meu rosto
no momento em que o sol-posto
punha uns longes na paisagem!

Aprendi a ser bem cedo
segredo de algum segredo,
imagem, sombra de imagem...

# FLOR DE MARICÁ

Este perfume tão fino
é a saudade de um perfume
e parece que resume
o amor de um poeta menino.

Era um doce desatino
era este mesmo perfume
e em meu peito um vivo lume,
um nome, um segredo, um hino!

Mas onde estás, poeta louro?
E onde está o teu tesouro
de amor, de mágoa e queixume?

De tudo aquilo, ficou-me
o vago aroma de um nome
e a saudade de um perfume.

# A PALETA DO POETA

Tortura do desenho! Horas a fio,
seguindo o risco ideal de um vivo traço
que está dentro de mim, faço e desfaço,
e sinto-o cada vez mais fugidio...

A cor e a luz! Encher de vida o espaço
nu da tela, retângulo vazio,
sol interior que o visionário viu
e o pincel torna cada vez mais baço...

Fecho os olhos; no escuro tumultua
todo um formigamento furta-cor:
arco-íris, aureolado astro violeta...

E tudo o que eu não pus na tela nua
vejo-o de novo em luz, em linha, em cor,
nas manchas coloridas da paleta!

# CORAÇÃO VERDE
*(1926)*

# POETA

Deixa cair todo este orvalho puro
sobre os teus ombros doloridos.

Vê como é suave a terra:
mesmo nos galhos mais bruscos,
olha: há carícias amigas.

Tudo é mais coração, porque és mais coração.

Orvalho... Orvalho... Parece
que em tua vida alguma cousa amadurece.

Deixa cair, deixa rolar teu poema
como um fruto maduro, pelo chão.

# UMBU

Lustrosas folhas de capororoca,
rijas, metálicas, paradas...

Erma,
a estrada ao longe treme, treme,
como envolta no fumo das queimadas.

O campo amarelece.

Fornalha sobre a terra em abandono...

Indolência... brasa morta...

Sono...

O velho umbu é um coração moço,
é um sempre-verde coração;
há um gesto manso no perdão dos galhos,
há uma infinita mágoa em semear a sombra,
inutilmente, na fulguração.

# POEMA DESTA MANHÃ

Ela está no jardim cheio de luz.
Floresce entre as flores,
direita e rija no jardim, botão fechado.

Seus olhos fulvos põem na face a sombra mansa.
Alta e forte, arreda o ramo.
No seu olhar brilha a humildade inocente.

Guria selvagem, lembra um talo de erva nova.
Trago a flor do seu nome entre os seus dentes.

Ela é da altura do meu lábio.

Filha do sol, manhã morena,
chama viva, toda impulso e fervor,
por que desceste à minha sede?
Quem te prendeu na minha sombra, luz?

# SOMBRA VERDE

Sobre o capim orvalhado e cheiroso...

Maciez das boninas,
espinho das rosetas,
cricris sutis nesse mundo imenso,
tão pequenino...

Volúpia de gozar as sensações,
de sentir junto a mim o coração da terra,
no seu trabalho milenário e silencioso,
como se eu fosse longamente uma raiz profunda...

Mãe-Verde...

Reclinei-me em seu regaço,
onde há venenos e perfumes.

E todo o cheiro das suas folhagens,
toda a seiva dos seus frutos,
frescura de águas claras e de folhas verdes
vem banhar como um bálsamo as pálpebras fechadas.

# BRINDE

Há uma gota de sol no vinho claro,
desce uma grande paz do céu serrano,
e à sombra leve das parreiras sinto
um gosto de uva, um aroma de mosto.

Bebo à força da terra, à seiva antiga,
eu bebo a luz do sol no vinho novo.

# MALÍCIA

Dizes: – "É lindo o teu olhar, querida!"
E, então, ficas a olhar, num suave enleio,
essa mulher que um belo dia veio
encher de vida a tua vida.

Dizes: – "É lindo o teu olhar, querida,
como se nele o céu aparecesse..."

É lindo. Mas, repara: ao fundo, vê-se
a tua imagem refletida.

# IRONIA SENTIMENTAL

Coaxar dos sapos, quando a noite é calma,
sem jardins simbolistas, nem repuxos cantantes,
nem rosas místicas na sombra, nem dor em verso...

Coaxar dos sapos, longamente,
quando o céu palpita na moldura da janela,
num mistério doce, num mistério infinito,
e em cada estrela há um lábio, um lábio puro que
[treme,

e um segredo na luz que palpita, palpita...

# QUERÊNCIA

Paisagem longa, na ondulação das coxilhas longas...

Debruns de caponetes...

Longes...

Oh! lindas suaves, como se houvesse
em cada coxilha uma saudade do chão
e alvos capões de nuvens muito brancas
no pampa azul de um infinito azul...

# SERÃO DE JUNHO

Ouve: alguém bateu na porta...
Janelas brilham no escuro.
Cada casa é uma estrelinha.
Cada estrela é uma família.
E o minuano, pobre-diabo
que não quer ficar no escuro
bate, bate, empurra a porta,
praguejando como um doido:
– Pelo amor de Deus, eu quero
a esmola rubra do fogo!

Mas ninguém abre ao minuano.
Que noite fria lá fora!
Cada casa é uma estrelinha.
Há mais estrelas na terra
do que no céu, Deus do céu!
Lá fora que noite fria!
E o minuano, pobre-diabo,
andando sempre, andarengo,
para enganar a miséria,
geme e dança pela rua,
e quando assovia – chora,
e quando chora – assovia...

# GAITA

Eu não tinha mais palavras,
    vida minha,
palavras de bem-querer;
eu tinha um campo de mágoas,
    vida minha,
para colher.

Eu era uma sombra longa,
    vida minha,
sem cantigas de embalar;
tu passavas, tu sorrias,
    vida minha,
sem me olhar.

Vida minha, tem pena,
tem pena da minha vida!
Eu bem sei que vou passando
como a tua sombra longa;
eu bem sei que vou sonhar
sem colher a tua vida,
    vida minha,
sem ter mãos para acenar,
eu bem sei que vais levando
toda, toda a minha vida,
vida minha, e o meu orgulho
não tem voz para chamar.

# CANTIGA DE RODA

Eu sou poeta, afinal, e não me entendo:
é por isso que eu te amo.

És mulher, afinal, entra na roda,
tu nem sabes, tu nem sabes como eu te amo,
como eu sinto em minha carne a tua carne,
como eu sonho a tua boca em minha boca!

Vamos colher já quase murcha a nossa vida,
anda a roda, gira gira,
vem na roda!
Vamos brincar de achar uma felicidade,
oh a nossa boa estrela!
Vamos fingir que somos namorados
e tu não sabes, eu não sei.

Vamos provar como é doce esta loucura,
e eu sou tão bom, tu és tão pura,
anda a roda, gira gira,
desanda a roda!

Vamos fingir que esta roda nunca passa,
que este anel que tu me deste é para sempre,
mata, tira tira tira,
mata tira tirarei!

# *GIRALUZ (1928)*

# ESPELHO

Quem é esse que mergulhou no lago liso do espelho
e me encara de frente à claridade crua?

Tem na íris castanha irradiações misteriosas,
e o negrume do sonho alarga tanto as pupilas
que o seu lábio sensual como um beijo esmaece.

Abro a mão – ele abre a mão.

Meu plagiário teimoso...

Tudo que eu faço morre no gelo de um reflexo.

(Ele sorri do meu sarcasmo...)

Não poder fugir da introversão,
tocar a carne da evidência!

Dói-me a ironia de pensar que eu sou tu, fantasma...

## SUSTO

Meu coração pula se uma folha mexe a sombra.

Tudo maior, grande grande como o espanto...

Cresce a pupila até tocar no céu sem lua.

# NOTURNO DAS QUATRO QUEIMADAS

Naquela noite macia tremularam queimadas
nos quatro cantos do horizonte.

Perto,
só uma pupila vermelha furando o negrume.
(Meu companheiro pitava.)

Ó noite campeira povoada de assombros,
fumaça,
quatro fogos cor-de-rosa
e na garganta seca o sabor da cinza!

Noite misturando as faíscas do capim às fagulhas
                                       [do céu...

Desejo acre de arder arder...

A gaita suspendeu no ar o último verso de uma trova,
                                             [longe...

Acendi a estrelinha do cigarro
e me enrolei no ponche grande da sombra.

# CANÇÃO DO MINUTO PUERIL

Uma nuvem passou.
Toda a casa mergulha
no halo negro da sombra,
na penumbra do outro mundo.
Luarizada, a janela da sala...

Chove cinza.

E o tapete agoniza
na penumbra do mundo.

Ninguém fala.
Brilha o vaso na mesa
e um pedaço do espelho.
Tenho medo...

Chove a sombra do mundo
sobre o ninho da sombra.

Oh a canção dos pomares!
Me dá o sol!
Dá-me a infância perdida
como um raio de sol!

# ORAÇÃO DA ESTRELA BOIEIRA

Há um esplendor azul banhando o campo:
é a estrela boieira.
A noite mora na canhada.

Ficou mais longe, muito mais longe a distância.

Recolhimento.
                Que silêncio pela estrada!

Gota de luz no frio da noite a estrela treme:

"Nossa Senhora tenha pena do carreteiro,
Nossa Senhora tenha pena da boiada..."

# ELEGIA DO LIMÃO VERDE

Atirei um limão verde...

Não botas mais o teu vestido branco
                    era em janeiro:
as uvas ruivas muito doces,
quase tão doces como as palavras que eu dizia
(como eu sabia a forma doce das palavras...)
Teu lábio tinha o sumo das ameixas,
era em janeiro
               a tua voz cantava.

Guardo o perfume das magnólias, sinto o cheiro dos
                                    [limoeiros,
revoa o vento praiano nos cabelos.

Ainda há libras de sol, fortunas leves na areia?

Minha vida ficou presa nos teus dedos,
suspensa à franja dos teus cílios finos.
A minha sombra cresce no chão da saudade...
Passam de novo os namorados pela estrada.
Ouço a música das praias.

E onde estás, adolescente ruivo,
alto e curvo como os bambus que amavas tanto?

Madrugador, teu assobio riscava risos no ar lavado,
vagabundo, eras o ingênuo pescador de estrelas.

Pensa na casa querida quando o vento noturno
vinha bater com a mão de um ramo na vidraça...

Ah brincar de passado brincar!
*Atirei um limão verde...*

Menina e moça entre as árvores velhas,
loura e linda ao sol, moça e menina,
por que foi que anoiteceu assim na tua vida?
quem botou luto nos teus olhos viúvos?

# ELEGIA PARA MARCEL PROUST

Aléia de bambus, verde ogiva
recortada no azul da tarde mansa,
o ouro do sol treme na areia da alameda,
farfalham folhas, borboletas florescem.

Portão de sombra em plena luz.

Gemem as lisas taquaras como frautas folhudas
onde o vento imita o mar.

Marcel, menino mimoso, estou contigo, Proust:
vejo melhor a amêndoa negra dos teus olhos.
Transparência de uma longa vigília,
imagino as tuas mãos
como dois pássaros pousados na penumbra.

Escuta: a vida avança, avança e morre...

Prender a onda que franjava a areia loura de Balbec?

Cetim róseo das macieiras no azul.
Flora carnal das raparigas no à beira-mar.
Bruna esfuminho Paris pela vidraça
Intermitências chuva e sol *Le temps perdu.*

Marcel Proust, diagrama vivo sepultado na alcova,
o teu quarto era maior que o mundo:
cabia nele outro mundo...

Fecho o teu livro doloroso nesta calma tropical
como quem fecha leve leve a asa de um cortinado
Sobre o sono de um menino...

# MILAGRE

Eternidade do minuto milagroso:
                      a erva cresce,
os grilos cantam sob o olhar antigo das estrelas.

Tão simples o mistério que uma criança pode so-
                           [letrar...

Agora mesmo em qualquer parte há uma rosa ao sol,
boca entreaberta para a luz.

Esta noite é do outro lado claridade...
Hora dupla, simultânea, total.

Coração, girassol aberto sobre o mundo claro,
outros homens virão,
outra gente virá viver este minuto azul
na rotação da noite,
sentir que a morte é sempre a vida ,
que a vida morre pelo amor da vida
e há sempre um centro inesperado
vertiginoso e irredutível!

# *DUAS ORAÇÕES (1928)*

# ORAÇÃO AO NEGRINHO DO PASTOREIO

Negrinho do Pastoreio,
venho acender a velinha
que palpita em teu louvor.

A luz da vela me mostre
caminho do meu amor.

A luz da vela me mostre
onde está Nosso Senhor.

Eu quero ver outra luz
na luz da vela, Negrinho,
clarão santo, clarão grande
como a verdade e o caminho
na falação de Jesus.

Negrinho do Pastoreio,
diz que você acha tudo
se a gente acender um lume
de velinha em seu louvor.

Vou levando esta luzinha
treme-treme, protegida
contra o vento, contra a noite...
É uma esperança, queimando
Na palma da minha mão.

Que não se apague este lume!
Há sempre um novo clarão,
Quem espera acha o caminho
pela voz do coração.

Eu quero achar-me, Negrinho!
(Diz que você acha tudo)
Ando tão longe, perdido...
Eu quero achar-me, Negrinho;
a luz da vela me mostre
o caminho do meu amor.

Negrinho, você que achou
Pela mão da sua Madrinha
Os trinta tordilhos negros
E varou a noite toda
De vela acesa na mão
(piava a coruja rouca
no arrepio da escuridão,
manhãzinha, a estrela-d'alva
na voz do galo cantava,
mas quando a vela pingava,
cada pingo era um clarão),
Negrinho, você que achou,
me leve à estrada batida
que vai dar no coração!

Ah os caminhos da vida
Ninguém sabe onde é que estão!

Negrinho, você que foi
amarrado no palanque,
rebenqueado a sangue pelo
rebenque do seu patrão,
e depois foi enterrado
na cova de um formigueiro
pra ser comido inteirinho
sem a luz da extrema-unção,
se levantou saradinho,
se levantou inteirinho:
seu riso ficou mais branco
de enxergar Nossa Senhora
com seu Filho pela mão!

Negrinho santo, Negrinho,
Negrinho do Pastoreio,
você me ensine o caminho
pra chegar à devoção,
pra sangrar na cruz bendita
pelos cravos da Paixão.

Negrinho santo, Negrinho,
quero aprender a não ser!
Quero ser como a semente
na falação de Jesus,
semente que só vivia
e dava fruto enterrada,
apodrecendo no chão.

# A IMPOSSÍVEL ORAÇÃO

Senhor, Tu não me escutaste
quando eu bati na tua porta!
Senhor, Tu me abandonaste
sozinho na hora morta!

Louvado sejas, Senhor,
porque assim me abandonaste,
o que seria de mim
se algum dia eu te encontrasse,
encontrasse a tua porta
aberta ao meu cansaço
e perdesse este fervor
de bater à tua porta?

Mas porta, caminho, prece,
nada nada existe, nada
a não ser o teu silêncio
a não ser esta ansiedade
e o eco da minha voz...

*POEMAS DE BILU (1929)*

# *BALADA-PREFÁCIO*

*Bilu, tire a lira do prego,*
*Faça uma balada, no duro!*
*Malfelizardo! em vão esfrego*
*O epicrânio e as Musas torturo*
*Sóbrio ou ébrio, puro ou impuro,*
*Que Rei sou eu, que em vão me afano*
*A imprecar Bilu, o perjuro?*
*Mas u som as névoas d'antano?*

*U é Alba, meu primo amor,*
*E u é Germana, a Menina,*
*Fremosa sobre toda flor?*
*Ay! fumo é tudo, vã nebrina,*
*Mençonha, folia malina!*
*Mal me nembra d'antano?*

*Que é daqueles tam valerosos*
*Amigos do pichel sem fundo?*
*Vagam, peregrinos saudosos,*
*Em longe terra ou n'Outro Mundo.*
*U é Liberato, o profundo?*
*Athos? Major? Théo? Clemenciano?*
*E Villon u é vagabundo?*
*Mas u som as névoas d'antano?*

*Bilu, em vão eu me aprofundo*
*Em quimeras de gosto e engano;*
*A todos e a todolo mundo*
*Digo: u som as névoas d'antano?*

# BILU

Madrugadinha a estrela pálida agoniza.
Tu vais na cerração como o fantasma branco.
Levanta a gola – que frio!
O salgueiro se debruça para a sombra do teu vulto.
Rente do muro velho cresce a relva.

Tudo é puro como o sol vai nascer.
Verônica do amor eterno sinos  sinos
da infância e a pandorga que soltavas lá no morro.
Toda a cidade acordava como um vale caiado.

Apito! as fábricas chamaram.
Clareia a névoa sobre o rio bocejo róseo.
Ladra ladra o guaipeca a bordo.
As ilhas nascem nas águas:
ilhas ilhas perdidas, me chamo Robinson Crusoe,
ó ilhas, levai minhas mágoas,
ó águas, lavai minhas mágoas!

Os leiteiros já passaram na rua vazia.
Olha o pão louro na vidraça como um sol.
A criadinha mulata namora o portuga.
Batem os tampos da carroça: pão!

Começa a bruxaria da luz em cada canto,
casas nascem, ruas crescem,
o morro tem sol mas tudo em torno está na sombra.
Fura a claridade a vela de um veleiro.
Balseiros se agacham para o mate matutino,
fizeram fogo na praia, mal se enxerga a chama.

Tu também estás preso na engrenagem, Bilu,
tua cabeça trabalha como um jogo de roldanas.

Vai tocando: o teu destino foi gravado na areia.
Tudo é poema, criança.
Você não sabe nada, felizmente:
saber é saber que não se sabe.

O minuano é muito mal-educado.
Quem foi que ensinou as corruíras?
O veio d'água corre para o arroio...
Tudo é puro como as águas do alto-mar.

Ó terra terra
beijos polens respirações marés...
Cada gesto meu reproduz o milagre,
no pulso ouço bater a força obscura,
sou carregado na infinita adoração.

Porque eu não sei me emparedar.
Penso nas vidas que virão.
Quero o mal e quero o bem.
Quem botou esta luz irredutível nos meus olhos?
Manhã.
A estrela pálida morreu.

# CORO DOS SATISFEITOS
*(acompanhado pelo zé-pereira do Bom Sucesso)*

Confraria somos nós
da beata satisfação.
Fora vós e viva nós!
Tudo é mesmo muito bão.

Pois quem foram que disseram
que esta vida é coisa feia?
Quem falaram não souberam
como é firme a pança cheia.

Viva nós e fora vós!
Tudo é bão tudo é bão!
Tudo é mesmo muito bão,
muito bão bão bão!

# BALADA DE BILU

Compadre Bilu, conte uma história.
"Vi a andorinha fugir do avião,
vi cada coisa, vi cada cara,
vi Carlitos fazer discurso
e a fonte cantar a eterna canção."

Bilu, compadre, conte uma história,
que foi, meu bem, que você viu?
"Vi Lenine dançando shimmy,
vi Mlle. Moral, chanteuse,
vi a estátua da Liberdade
na corda bamba do bate-boca,
vi minha infância brincar de roda
e a fonte cantar a eterna canção."

Depois depois que foi que viu?
"Vi o tesouro da Teiniaguá,
vi tanta coisa que fiquei grogue.
Passa Rampaglia na Cadillac...
Vi o Curupira trocando o pito
pelo canudo de bacharel.
Mas vi a rosa que sempre é a rosa
e a fonte cantar a eterna canção."

# CHEWING GUM

Masco e remasco a minha raiva, chewing gum.

Que pílula este mundo!
Roda roda sem parar.
Zero zero zero zero,
é uma falta de imprevisto...

Quotidianíssimamente enfastiado,
engulo a pílula ridícula,
janto universo e como mosca.

Comi o mio-mio das amarguras.
A raiva dói como um guasqueaço.

    Amolado.
    Paulificado.
    Angurreado.

Bilu, pensa nas madrugadas que virão,
aspira a força da terra possante e contente.
Cada pedra no caminho é trampolim.
O futuro se conjuga saltando.

    Depois:
    indicativo presente –
    caio em mim.

## CANÇÃO DO CHUS

Amigo, trobemos clus,
O non trobemos, bailemos
A dança d'ombros, e sus!
Que malmaridada é a alma
E a vida, lá vai perdida.

Deixá-la, sem chus nem bus...

# DELIRISMO

O anarquista cospe fogo.
Traga-balas come bombas.

Vê como maxixam postes graves.
Explodem focos na cara do edil

Casas berram pelas portas,
a Via Láctea é um cartaz elétrico,
dança o bonde...
ué!

Que noite! goela dos delírios líricos...

O caminhão morreu de amor.

Negligentemente encostado no obelisco,
acendo estrelas no céu com o meu cigarro.

# MINUANO

*Ao Liberato*

Este vento faz pensar no campo, meus amigos,
Este vento vem de longe, vem do pampa e do céu.

Olá compadre, levanta a poeira em corrupios,
assobia e zune encanado na aba do chapéu.

Curvo, o chorão arrepia a grenha fofa,
giram na dança de roda as folhas mortas,
chaminés botam fumaça horizontal ao sopro louco
e a vaia fina fura a frincha das portas.

Olá compadre, mais alto mais alto!

As ondas roxas do rio rolando a espuma
batem nas pedras da praia o tapa claro...
Esfarrapadas, nuvens galopeiam
no céu gelado, altura azul.

Este vento macho é um batismo de orgulho:
quando passa lava a cara enfuna o peito,
varre a cidade onde eu nasci sobre a coxilha.

Não sou daqui, sou lá de fora...
Ouço o eu grito gritar na voz do vento:
– Mano Poeta, se enganche na minha garupa!

Comedor de horizontes,
meu compadre andarengo, entra!
Que bem me faz o teu galope de três dias
quando se atufa zunindo na noite gelada...

      Ó mano
      Minuano
      upa upa
      na garupa!

Cassurinas cinamonos pinhais
largo lamento gemido imenso, vento!
Minha infância tem a voz do vento virgem:
ele ventava sobre o rancho onde morei.

Todas as vozes numa voz, todas as dores numa dor,
todas as raivas na raiva do meu vento!

Que bem me faz! mais alto compadre!
Derruba a casa! Me leva junto! Eu quero o longe!
Não sou daqui, sou lá de fora, ouve o meu grito!

Eu sou o irmão das solidões sem sentido...
Upa upa sobre o pampa e sobre o mar...

# BALADA E CANHA

Tu vais beber a estrela clara no copo.
A amargura é o teu novo padre nosso.
Bar ingênuo com balcão de zinco,
Lurdes, Marieta, criaturas sem destino,
mais uma! Engulo a vida no copo.
O amor dilui, o amor dilui meu coração:
depois do amor o que será?

Vamos na rua sem destino, vou, vais.
Vê – a sombra nos persegue, Théo.
A lua antiga, fria fria, banha a rua,
zona branca do luar, me leva ao céu!
Serenata – violão – quem vem lá?
Sonho morto, luz gelada, lua,
depois do mundo o que será?

Sentido! As casas mudas se perfilam.
Dança o meu crânio, estuário profundo.
No azul redondo estrelinhas cochilam.
Teu coração é o grande pêndulo sidéreo:
tique-taque, era uma vez o mundo.
Canta o mesmo refrão – trá lá lá,
empina o vinho venenoso do mistério...
Depois da morte o que será?

# BAILADA

Ai Bilu de corincho caído,
Ai Bilu de corincho quebrado,
Quem te viu tão desenxabido,
Quem te vê tão desenganado.

Ai Bilu, já não serás bom jogral,
Já não serás nem jogral, nem segrel.
Nem trovarás, ai! como proençal,
Nem cantarás, ai! qual menestrel!

Mas bailemos, mentr'al non fazemos,
Bailemos poemas, cantigas, bailadas,
Bailemos, ai Bilu, bailemos ao menos
No ritornelo destas retornadas!

# CANÇÃO BICUDA

Bico bico surubico:
são fantasmas familiares,
vêm bater na minha porta
caminhando sobre os bicos
das botinas de mentira.

Bico bico surubico:
são amores mal gorados,
tamborilam na vidraça
e nem perguntam com os dedos:
bico bico surubico,
quem te deu tamanho bico?
Caminhando sobre os cacos
dos anéis que se quebraram.

São fantasmas familiares,
são amores mal gorados,
é a velha chocarreira
que passou varrendo os sonhos...
Tenho medo porque um dia
(bico bico surubico)
vem a velha me buscar
com sua cara de caveira.

# ANDANTE

Bilu, cidadão da harmonia cósmica,
você deixe de bancar o Baudelaire.
Você não vê que o mundo é inocente
como o primeiro suspiro da mulher?

Você traz nos seus olhos comovidos
pela visão deste universo feito em verso,
Bilu, dois ués admirativos
e está tudo tão bem feito, ó criança,
que no final deste poema imperfeito
você até nem precisa de rimar.

# SOLO DO FLAUTISTA ATRÁS DA GRADE

Me declaro grão-de-bico,
tangerina, sim senhor.
Firuli firuli
firulera.

Mas já fui ás de zás-trás,
ás de asa e az de azar,
firuli firuli
firulá.

Me acho mui desatrelado
das ventas, sim senhor.
Mas o mundo ma acompanha
firuliruliruli
porque eu sou Nosso Senhor.

## A MÁRIO QUINTANA

Um *Schlichte*, poeta, o inverno vai chegar:
a gente sente no ar um arrepio
finíssimo... a andorinha que partiu
ninguém sabe se um dia há de voltar.

Mas não faz caso, não, isto é do frio,
caprichos da vesícula biliar.
Na vidraça garoenta deste bar
namoro o meu reflexo vago e esguio.

Passam lá fora os homens apressados,
passam e apagam meu reflexo vago,
mas eu não vou fazer comparações.

Pra quê? Ó meus cigarros apagados,
bem sei que eu mesmo, eu mesmo é que me apago...
Dedico este soneto aos meus botões.

# ADÁGIO PARA SOTERO COSME

É a geada azul do luar de inverno.
                                       Sotero,
teu passo na ladeira acorda um velho eco
e os galos enxotam a noite cansada.

Tua casa não mudou. Descansa neste banco
e olha a garça na ramada.
Parece a lama do Joãozinho, Sotero!

Mas tu nem sabes que a tua casa é o Paraíso:
há uma paz de outros tempos no jardim,
os fantasmas queridos
Padula, velho Cosme, Théo
caminham com passos de sombra,
o passado chegou devagarinho
por trás de mim, tapou-me as pálpebras fechadas...

Agora tudo voltará, todas as vozes familiares
falarão, contarão ao luar de inverno
a mesma história confusa de outros tempos,
és uma corda esquecida de violino,
és um acorde que estremece de susto...

Vida, ó vida, neste instante que passa,
escuta aqui: me conta o teu segredo!

Mas há um silêncio do outro mundo no jardim.
Só os galos enxotam a noite cansada,
só as folhas cochicham, cada folha
é um ssiu baixinho que me chama...
                              Sotero,
toma o violino e toca até chegar o sol.

# CANÇÃO ENCRENCADA

Eu sou o filóis Bilu,
malabarista metafísico,
grão-tapeador parabólico.

Sofro de uma simbolite
que me estraga as evidências.
Quem pensa pensa que pensa,
o besouro também ronca,
vai-se ver... não é ninguém.

Reduzo tudo a mim-mesmo,
não há nada que me resista:
pois o caminho mais curto
entre dois pontos, meu bem,
se chama ponto de vista.

# PRELÚDIO DA GOTA

No meu crânio vazio
a aranha mole tece o fino fio.

Sonolenta, pinga a gota lenta:
        mo
        no
        to
        ni
        a

# ANIMULA VAGULA

Que vento levou a cabeça
do Poeta acima das nuvens?
O arco-íris arqueia o esplendor
sobre o olho do mundo, que arde!
Poltronas, armários e a cama
com o homem e a cara-metade
retornareis à galáxia.

Velhotes cultivam cactos
nas platibandas do tédio
e a Mãe de todos os mitos
espreme o leite das tetas.

Vou vou com solas de vento
por aqui não tem espinho,
caminho com pernas de pau
por honra da fama da firma
e salto de nuvem em nuvem...

Musas, eu quero é sossego,
ó cênicas meretrículas:
com tais trejeitos bailais
e tias meneios fazeis,
que assim já não posso mais,
que assim me derrancareis!

Que vento! Mas de repente
que alívio! Ouço um assobio,
geme um cósmico suspiro,
soa um canto: Santo! Santo!

Vais na migração eterna
de astro em astro, alma perdida,
vais em busca de ti mesma
por estelares estranhas,
milhares de encruzilhadas
e pálidas nebulosas...

Animula vagula blandula...

# MADRIGAL SEM JEITO

Eu gosto mesmo de ti, palavra!
Toda palavra que tu me dás
parece mel de abelha nessa boca bonita.

Deixa de fita, rapaz, deixa de fita:
nenhuma palavra te satisfaz.

# A ALMA E BILU, DIÁLOGO

– A culpa não é minha, a culpa é tua,
de tanto controlar, tu descontrolas.
Pois coleciona grilos, ora bolas!
Planta um grão de feijão e vai pra lua!

– Alma, sabes que mais? Tu não me amolas!
Boto o chapéu na idéia e vou pra rua
ver se encontro, imprevista, uma Bilua...
Por hoje, basta de caraminholas!

– Crepúsculo de maio, suave instante,
primeira estrela, brilha! Hoje tu dás
ao Poeta a mesma luz que Deus te deu.

– Alma, tudo é impossível e distante.
Vês? Ela brilha e me namora, mas
quando a luz chega, a estrela já morreu.

# AUG

Nós inventamos palavras maravilhosas, músicas sutis.

Porém ninguém não quis,
ninguém não quis a nossa voz.

Então nós inventamos músicas sutis
só para nós.

Nem por isso o inventor foi mais feliz.

# NOTURNO PORTO-ALEGRENSE

*Ao Theo*

Vai começar a noite na cidade camarada.
Poeta, a canha tem uma estrela trêmula no fundo.

Mas onde anda o Sant'Ana?
Sotero passeia o bigodinho em Paris.
João Manuel xinga o mundo.

A vitrina rutilante entrou no espelho,
meu cigarro apaga-acende que nem eu,
We are such stuff as dreams are made on:
me belisco pra ver se eu sou eu...

Agora estamos no Berger.
Marcelo adorava o camarão à baiana.
oh ótimo!
Marcelo, ceguinho musical.

Agora vamos na rua, à toa,
o vento frio limpa as estrelas de geada,
meu coração toca música serena,
vamos sem rumo na noite camarada.

Cidade esparramada na coxila
entre os faróis do canal e o clarão de São João, meu
                                        amor é uma

gaita querendo a querência,
teu noturno é um dorido dem-dom de violão.

Morreu no ar o claro som das serenatas...

Vem daqui? Vem de lá?
Por que foi que o amor chegou?
Nosso amor chegou, passou.
Ninguém sabe onde é que está.

Felicidade, você mora lá-longe...

E onde estão as namoradas?
Acabou-se o que era doce.
Esquinas na sombra,
janelas fechadas.

Felicidade, você mora numa rua sem nome
pertinho e tão longe,
você mesma bem sei que nem sabe o seu nome.
Felicidade, se você soubesse...

Agora estamos no Antonello:
bar bruaá vitrola,
o chope louro espuma a franja branca
e o meu chapéu tem cara triste de calide.
Bebe a melancolia dos goles sonolentos,
enquanto arde na ponta de cada cigarro
a poesia impalpável do tédio feliz.

Ó madrugadinha das ruas livres...
Velório dos lampiões na folhagem da praça.
Vagabundo assobia o último tango milongueiro.
Passa a mendiga paralítica,
vem o primeiro verduleiro.

Que vontade de andar sem parar
quando a bruma gelada enche o peito
e os galos cantam no arraial da madrugada...

Há um guita que apita na esquina, tão triste...

Nós somos a sombra de um sonho na sombra.

    Felicidade felicidade,
    o meu destino é o de você:
    andar sem parar,
    sem saber porquê...

# *LITERATURA & POESIA (1931)*

# METAPATAFÍSICA

Lucidez da manhã, quando as idéias voam com asas de luz e não pousam:

toda idéia que pousa, morreu. No momento em que ela fechar as asas, minha sombra descerá sobre mim. Toda idéia que eu agarro é um punhado de cinza.

E a palavra bonita murchou no papel; que era mesmo que ela queria dizer?

Quando páro, agonizo. Meu destino é andar. Alegria! Os caminhos não têm destino, eles levam à alegria de andar.

Onde digo *digo*, digo que não digo *digo*, digo que digo: *diria*.

Que seria de mim se eu achasse o caminho? Os doutores subtilíssimos traçaram roteiros. Mas sempre chegavam a um novo caminho. Então aconselharam que a gente usasse antolhos como os jumentados, porque os antolhos ensinam a não ver os atalhos. Mas nem por isso destruíram os atalhos.

Dês que o meu olhar aprendeu a ver, perdi o preconceito das estradas reais. Elas levam ao sossego mole, à paz dominical, e o que eu não quero é a paz dominical.

Toda certeza faz engordar. E um caminhante não deve engordar.

Eu te ensinarei a não acreditar; compreenderás então porque existe alegria no mundo, porque as águas correm, os homens morrem e as folhas caem.
Pensa nas vidas que vão nascer.
Pensa na canção das dores futuras.
Onde estamos nós dois daqui a cem anos?
Cantarão os galos: viva o sol!

# ANTONELLO

Batem os dados. Bafafá das bocas misturado ao tremolo do tenor na vitrola. Sobe do cigarro a fita azul da cisma.
Batem os dados misturados sobre a mesa. Pra quê? A sorte é uma trinca das Parcas. Há germanos sanguíneos com alma de hidromel, eles bebem, rebebem trezentos barris. Gluglu dos goles louros na garganta. O gringo devora uma pilha de sanduíches, mascando as fatias rosadas do bolonhês com mandíbulas de aço. Pra quê? Depois da fome vem a fome. A garçonete sem mistério diz: comigo não... A chuva chove lá fora, e os dedos de água lavam a vidraça e o reflexo das lâmpadas. A nicotina e o cheiro dos impermeáveis misturam-se ao calor digestivo dos corpos. Meu chapéu tem cara triste de cabide: está me olhando na parede como um sonho degolado.
Quantas viagens tenho feito neste canto, aqui no bar! Meus companheiros pensam que estou e conversam com a minha aparência. Mas eu me perdi nos espelhos e nunca mais me encontrei. Deixo no mundo fenomenal, pois não, o meu corpo vazio como um sobretudo que se dobra e dependura meticulosamente. Acho muita graça quando alguém pergunta à minha simples aparência: como vai você? Por que não estou pra ninguém, estou sempre do lado de lá...

Houve momentos em que eu era todo o anjo, e eles não viram o clarão que me envolvia todo, atravessaram a minha luz como a terra atravessa o penacho de um cometa: sem saber.

Batem os dados. A chuva chora na janela, plagiando a assonância de um poema cheio de sussurros úmidos, poema que não leio há muito tempo, nem quero reler – porque eu sou muito mais interessante.

O bar é um mundo. Boiotas gravitam em torno das mesas. Como tudo é estranho nas caras banais! O Anjo Azrael anda no meio dos grupos com a espada negra, e ninguém vê como é fino o fio de linha que nos prende aos amores, aos negócios, aos vícios de cada dia. Os homens sofrem de uma catarata oportuna. Gira o disco, batem os dedos, bebem as bocas. Seu Nunes corta fatias de presunto. Ça c'est Paris. When day is done. Jura.

Meu pensamento sagüi fazendo careta:

> Ó sagüi, olá,
> que é que tu vens fazer aqui?
> – Pulo daqui pra lá,
> pulo de lá pra qui.

# O OUTRO

O homem opaco está caminhando na sombra. A rua úmida reflete o sono dos lampiões, e a cada passo um reflexo foge no calçamento molhado e volta um novo reflexo, monotonamente. Como os amores que morrem e se repetem, como as idéias, como tudo. Casas trancadas de arrabalde são as testemunhas mudas do minuto, gatos flexíveis na escuridão, com patas de veludo, a aberta fresca de um jardim saturado de chuva primaveril abre o regaço carinhoso, hálito da seiva na noite. O homem passa.

Ao pé dos focos de iluminação, a sombra do homem espicha-se, comprida, interminável, com pernas fantásticas de pau, até tocar no outro lado da calçada e trepar na parede. Mas não vê o delírio da própria sombra, vê só as outras sombras que moram na memória...

Mil e um vultos do passado chegam na ponta dos pés e se debruçam com a malícia do mistério sobre o seu ombro. Vem deles um aviso de morte, um olá! indecifrável. E pesam tanto que, para aliviar a carga, o homem suspira, como um doente muda de posição na cama, removendo o peso da febre.

Nuvens de breu pesavam, tão baixas, que o vulto ficou mais corcunda. Os passos acordavam passos na calçada. A chuva engrossou, desabafo largo, refrigerante. Ploc-plac e roçagar do impermeável. Depois, a chave na porta, a subida na escada escura, com um ladrão prudente.

O indicador no botão da luz premiu a claridade. Tirando o paletó, destramando o nó da gravata, foi até o espelho.

Do outro lado, no lago emoldurado, o mesmo Outro, que era e não era ele mesmo...

# NÃO FAÇA ISSO

Era talvez o peso daquelas nuvens baixas, que esmagavam o ar morno. Ou o peso da vida? Sentia na testa suada um punho de chumbo. Caminhava nem sabia como. As ruas noturnas cambaleavam a cada passo. Torpor. Janelas curiosas, espiando o rapaz dentro da noite, deviam ter qualquer cousa de pupila irônica e atenta. Arremedavam-lhe o jeito ridículo. Uma impressão dolorosa de abandono: ele era, naquele momento, o único homem que não... Besteira! Tudo continuava como sempre. Voltaria pra casa, e depois de uma vigília inquieta, o mergulho no sono, simplesmente. Ah! é verdade, não se esquecesse de tomar um comprimido...

Que era aquilo? A porta de casa. Chave. Duas voltas. Entrar. Subiu no escuro, apalpando a parede. Devia estar úmida a parede. Um volume veludoso, roçando nas pernas: o gato da pensão.

Entrou no quarto e acendeu a luz. O espelho ficava bem em frente da porta, e ao acender a luz, a imagem dele, na claridade brusca, parecia mais real do que o seu próprio corpo.

Chegou perto, olhou. O outro olhava, pálido, pálido, olhava no infinito das pupilas refletidas. Era ele mesmo? Pensando bem, que cousa estranha esse desdobramento sem fim, o diálogo do homem com a sua sombra. Na superfície lisa, a imagem vivia: olhos grandes, parados, a testa pesando sobre o rosto fino.

Lentamente, a expressão alterou-se. Um frêmito irônico percorreu o lábio, passou no olhar um vazio de loucura, na mão crispada brilhou qualquer coisa...

O tiro partiu da imagem no espelho. A sombra matou o homem.

# POEMA

A primeira porta cedeu finalmente aos meus empurrões: era um bar. Milhares de luzes rebrilhavam em milhares de garrafas. No teto, a história de todos os vícios. Sepultado em abismos de almofadas, dava-se adeus à vida, enquanto huris selecionadas serviam venenos. De vez em quando uma chuva de pétalas, e a magia do perfume ajudava a bebedeira sutil. Reconheci vários conhecidos da vida real, que pareciam habitués.

E eu disse: me nego!

A segunda porta mostrou aos meus olhos um jardim maravilhoso, onde o sol irradiava na corola única e puríssima de uma rosa.

– A rosa, disse o Gênio, é a tua infância.

Cheguei bem perto, aspirei a alma da rosa, mas havia um bichinho escondido no seio repolhudo, e atxim! saúde, espirrei.

A terceira porta abriu-se lugubremente: tudo escuro. Entramos. A escuridão entupiu-me as pupilas vazias, tive medo. Só a mão de Arhat me prendia a mim mesmo. Escuro como antes do sol. E afinal, lá no fundo, longe, uma luzinha azul apareceu. Caminhamos, caminhamos, a luzinha crescendo, crescendo – até chegar aos meus ouvidos uma estranha, uma profunda melodia... Perto, a visão: o quebra-luz turquesa tornava mais lívida a testa vincada, onde as sobrancelhas riscavam dois acentos circunflexos, a mão magra arrancava das cordas o canto supremo.

– É o violoncelo do Diabo, explicou o Gênio.

E eu disse:

– Ora, coisinha, não explica...

A última porta revelou-me a Galeria dos Espelhos. Teto, paredes, chão, tudo espelho. Minha imagem multiplicou-se tanto, que perdi a conta. Era eu, mais eu, mais mil eus e atrás deles, mais outros mil. Fiquei espavorido com a idéia de ter de suportar a companhia suspeita de tantos eus, quando um só, francamente, já me enche... Arhat abriu a boca, para estragar o mistério das imagens, mas teve uma crise de soluço: huíc! huíc! huíc! e eu aproveitei a confusão pra me disfarçar em mocinho distraído e saí pela escada secreta dos fundos – até cair em mim.

# AUTO-RETRATO

*Cara na luz com dois olhos atentos*
*corpo e fantasma, o espelho é o teu reino, rei.*
*Narciso está sorrindo à sombra dos momentos,*
*sombra, quem é que me olha assim? Não sei.*

    Aqui o poeta pára e, como o pintor que examina a tela distante fechando um olho, inclinando a cabeça um pouco até chegar ao ponto ideal da visão, vê que o auto-retrato pode estar muito parecido, mas nem por isso conhece melhor o modelo. Onde está o original? Não sei. Portanto, é o único retoque justo aquele *não sei* destacado e caindo no fim do último verso, como o dar de ombros de uma pessoa que reproduz a mímica da ignorância.
    Vale a pena continuar, então? Vale, porque no meio desse brinquedo absurdo pode ser que algum descuido ilumine a figura e o halo inesperado apareça. Cavoucando, quem sabe o ouro brilhará? Anda perdido na catacega o vidente, ora sim e ora não.
    Auto-retrato, quantas vezes recomecei o teu esboço teimoso, como quem desenha a própria sombra na areia. Tu me surpreendes na mancha musgosa do muro, na nuvem momentânea, na página vazia. Estavas no primeiro livro que eu li, escondido atrás das palavras, e me chamavas pelo nome, do fundo do poço invertido, com voz cavernosa, que já não era a minha voz. Às vezes, aparecias na vidraça iluminada contra a noite, mas quando olhava de bem perto, a forma quente da imagem diluía-se na sombra.

> *Sol no cabelo, testa alta*
> *e a linha sensível da boca...*

Apenas a máscara, amigo, o jogo da luz tecendo a aparência. Lá no fundo estremece o clarão:

> *Fundo olhar em meu olhar – sou eu?*
> *Olhar vazio, cheio de sombra,*
> *olhar de quem se olhou demais e se perdeu.*

Sem fim o esforço do pintor. Operário fiel debruçado sobre a incerteza inevitável pinta e retoca, apaga e recomeça. Olhar no olhar, a imagem desumana sorri.

Tu envelhecerás em busca da evidência mascarada. A vigília atenta e a noite poderosa. No fundo da tela, há sempre um triângulo azul, a folha verde e uma flor que vai falar. Enquanto a vida te chama, Eva mordendo um talo de erva, continuas cavoucando no chão do subterrâneo multiplicado em galerias que abrem novas galerias. Lá longe, brilha a luzinha, mas não suporta o olhar que se aproxima. Às vezes penso que ela está no centro das minhas pupilas como o disco negativo que deixa a fulguração do sol.

Então:

> *Apaga o teu vulto na areia,*
> *fecha os olhos traidores*
> *e volta à sombra inicial.*

# MAIS METAPATAFÍSICA

A cabeça foi feita pra dor de cabeça, dizia um filósofo constipado. Mas isso é uma opinião individual (com licença do pleonasmo), e eu acho que a cabeça foi feita pra não se ter opinião, porque a vida é tão grande e tão bela, que aceita e contradiz qualquer opinião. Agora mesmo, antes que alguém me desdiga ou contradiga, sinto a obrigação de presenteá-la com mais dois adjetivos: mesquinha e feia.

Magali, fiquei triste quando me disseste que acreditavas nisto ou naquilo: acreditar quer dizer – querer que as coisas sejam como nós queremos. Debaixo da crença está o egoísmo, um idolozinho barrigudo que vive adorando o próprio umbigo. Debaixo da descrença está sempre escondido um talvez.

Coçai a fé e aparece o estômago. Forçai o ceticismo e aparece a oração. Tudo assim está tão misturado, que o difícil é encontrar um falsete na harmonia complexa. A dissonância serve a assonância. O contrário, olhando bem, que parecido! A sabedoria se consegue pondo preto no branco.

Tudo isto é muito conhecido, Magali, porém os homens continuam eructando opiniões. E outro fato mais curioso ainda: até as opiniões têm a sua utilidade, elas servem pra saber de que lado sopra o vento. Me diz que vento sopra e te direi quem és...

# PSIU

A clara visão sente em todas as cousas uma correspondência profunda.
Mundo meu: formas, cores, visão. Em toda visão, por mais simples que seja, existe um princípio de vidência. Ver é integrar a forma para sentir a essência. Uma paisagem com a sua diversidade refletida na retina procura em nós a unidade. Árvore, coxilha, casa, nuvem, céu. De vez em quando um pássaro passa, rápido signo que é preciso decifrar. Mas tudo isto é apenas o material que eu emprego na construção do mundo.
Mundo meu! Os meus olhos acordaram matinais e lavados no orvalho da vida. Lynceus abre as janelas da torre e a manhã entra nas suas pupilas famintas de luz. Devia pronunciar o teu nome no meu coração limpo como um lago onde a evidência azul da luz contempla o céu. Devia rezar o teu nome sem pensar que há outras palavras velhas ou novas na minha devoção. Porque eu não sou um poeta, sou o homem. Venho da carne e volto à terra.
Manhã, quando poderei sumir enfim no reino do teu silêncio, dissolver-me na tua harmonia como aquela nuvem que passou agora mesmo e ninguém sabe onde está? Silenciosa é a beleza e nós falamos tanto... Momento há em que todas as palavras pare-

cem mentirosas: é quando a beleza da vida se entremostra, minuto fugitivo da visão.

É por isso que eu prefiro ficar diante da paisagem como um lago passivo. Nenhuma pedra riscará ondulações no meu espelho: eu sou uma pupila inocente e profunda. Reflito a pureza natural das cousas sem o mais leve tremor. Sou a rosa ao sol e o jardim humilde ao pé do muro. Sou a trama de prata no aranhol banhado de orvalho.

A minha frauta se chama silêncio. E sinto na mentira da boca o aviso do psiu...

*FOLHAS ARRANCADAS
(1940-1944)*

# PRAÇA DO PARAÍSO

Foi na praça do Paraíso, um dia.

O riso andava no ar, andorinha. Entre os canteiros verdes, vagabundos mamavam a bem-aventurança do sétimo sono, à sombra maternal dos guardas. Havia um carrinho de mão para divertimento dos profetas arrependidos. E um enorme cartaz proibia a saída.

A mesa estava posta, o vinho servido. As janelas do hospital, espiando entre as árvores, refletiam o sol das outras tardes, sempre iguais, e um grito mais agudo subiu para o azul como a pandorga do morro.

As ilusões do bom tempo miravam-se à beira do lago, sem turvar o calmo espelho com o sangue das suas feridas. Largava-se o nome à entrada e os pés nem marcavam na areia.

Foi lá que eu deixei enterrado o segredo das horas que voltam, a um humilde da praça, com a cor, o som, o gosto, o mistério e a tortura da evocação.

# A MENSAGEM PERDIDA

Arrancaram uma folha ao livro do tempo, e eis que era insubstituível, capital! Em vão procurei de quatro patas, como um bibliófilo, rosnando e farejando por baixo dos móveis. Ó lombadas implacáveis!

Uma traça visitou-me em sonhos; e do alto do cartapácio vomitou toda a página devorada, em tom cínico de speaker. Meu ouvido funcionava como um disco, e cada palavra era um fulgor indelével, uma verdade capital! Batia palmas e palmas, com medo de chorar. A página perdida e para sempre achada, a mensagem telegráfica do Eterno a si mesmo, era simples como um tópico de jornal. Ó sublime reportagem, pensava, ao regressar à minha pele, contarei tudo, tintim por tintim.

Mas no regresso ao vale da cama – o bombardeiro deixava cair uma a uma as grandes rosas desfolhadas – partiu-se o fio da evidência, e as palavras rolaram pelo chão como as contas de um colar...

Desde então, tenho compulsado os grossos tomos carunchosos, percorrendo o índice com uma paciência de maníaco. Sabe lá... entre uma folha e outra folha, no papel sujo e roído, brilhará um dia a palavra que espero há tantos anos, desde os meus livros cartonados, na escola.

# PESADELO DO PEDANTE

A ironia dos livros... Atirados sobre a mesa ou perfilados na estante, criavam olhos na lombada para espiar a minha cara de caçador sem caça. *Chasseurs, sachez chasser.* Olhavam-me, e eu via através das capas a expressão particular do autor, um clarão, uma chama que estava lá dentro, fogos de todas as cores, palpitando. Os fogos eram as almas encadernadas. Pussuía ali no gabinete, sem saber, um depósito de explosivos. Tomei inconscientemente a atitude do cavalheiro perigoso que armazenou petardos para fazer a cama em cima deles e fumar o seu cachimbo.

Foi uma brusca iluminação de novas galerias interiores, minadas, com a mecha à espera do isqueiro.

Mas os livros, durante o solilóquio, transformavam as folhas em asas e voavam até o teto, caindo em cima de mim. De maneira que, ao despertar, não estava morto só por descuido gentil dos fatos. Esmagado pela dura montanha em prosa e verso, lembrei-me de mim mesmo, constatei rudemente que existia e resolvi reagir.

A socos e pontapés, abri uma brecha no entulho literário. Rolavam autores consagrados pelos meus flancos independentes, rolavam como torrões de caliça e esfarinhavam-se no chão. Toda a ciência do homem ficaria reduzida a uma paçoca, porque eu descobrira esta coisa tão simples: eu era eu, isto é, era um mundo particular com os meus cataclismos, o meu centro de gravidade, as marés do meu capricho cósmico. A vida que os livros pretendiam possuir dependia de mim, eles eram a minha criação de cada momento, pois viviam do sangue bebido nas minhas veias abertas.

De súbito senti que o pensamento se esvaía num último pingo... E a terra dos livros se ajuntava em montes para enterrar os meus restos vazios. Bondosamente, os amigos de infância me acenavam de lá do alto do aterro com necrológios consoladores, em negrita, caixa alta. Que a terra lhe seja suave, disse uma voz.

Ainda tive tempo de pedir a cremação por um fio de voz. Mas clarinaram trombetas. E vinha de mim agora um vasto alívio: na pauta clara das venezianas, riscadas de amorosa claridade, soletrava o indecifrável...

//*ÚLTIMOS POEMAS*
*(1950-1955)*

# CEMITÉRIO CAMPEIRO

Cemitério de campanha.
Lá, o tempo adormeceu,
Pensamento meu, imenso.
Vida, febre, a dor estranha
Que não sofre, já sofreu...
Só não mente o teu silêncio.

Na terra vasta, a funesta
Marca da cruz é mais vaga,
Pousam as horas ligeiras;
Os mortos dormem a sesta.
A erva cresce, a chuva apaga
As sepulturas campeiras.

Nesta paisagem abstrata
Meu sonho se deita e dorme,
Terra e céu fecham o abraço,
A imensidão se dilata
Como um pensamento enorme
Embriagado de espaço.

E tudo é ausência e presença
Na mesma glória da hora,
Em vão cercais o jardim.
Alma que pensa e se pensa,
Mito que o tempo devora,
Soledades do sem-fim.

Na respiração do espaço,
Pampa deitado em si mesmo,
Vacuidade do olhar vago,
Vai meu sonho passo a passo
E a vagar, vagar a esmo,
Pousará de pago em pago.

Janelas cegas, taperas,
Onde arde o incêndio do ocaso,
Ossadas, brancas ossadas,
Lembrais mortas primaveras,
Perdidas no ermo raso,
Lembrais mortas madrugadas.

Gota a gota sorverás
O doce, o amargo licor,
O sumo de muitas horas.
Prisão é tudo, e tenaz
Das dores renasce a dor
Nova, ao sol de outras auroras.

Aceita o horizonte puro!
Dormirás diluído em luz,
Na paz do sol sem mistério.
Cai como um fruto maduro
A alma que a morte seduz...
Vida, onde está teu império?

Na voz do vento erradio
Ouço-me e fala-me à cisma
Palavras desenganadas,
Leves de bruma e vazio.
Mais límpido, o céu se abisma
No palor de águas paradas.

Suave, um óleo de ternura
Se infiltra na luz da tarde.
Aceita o lúcido instante!
Lá na veludosa altura
Que pálida estrela que arde
E é cada vez mais distante?

Alvas garças viageiras,
Adeus, o dia se esvai
Na praias das horas idas.
Coram as nuvens ligeiras.
Gota a gota, o sono cai
Sobre as pálpebras caídas.

Vaga é a linha do horizonte,
Da terra ao céu sobe a cruz.
Só o seu silêncio não mente.
Esplandeça a tua fronte
Serena, entre a sombra e a luz
Do derradeiro poente.

Deixai crescer o abandono,
E a noite que se aprofunda,
Apague o rastro na estrada.
Ó suave pago do sono!
Última estância, fecunda
Morada de outra morada!

Propícia é a morte e vem mansa,
Cresce do sono das cousas
Para o alto adormecido.
Larva do sonho, descansa!
Caia de altas nebulosas,
Frio, o orvalho do olvido...

# SONETO I

Gota de luz no cálice de agosto,
Sabe a lúcida calma o desengano.
Em vão devora o tempo o mês e ao ano:
Vindima é a vida, vinho me é o sol-posto.

Cobre-se o vale de um rubor humano.
Um beijo solto voa no ar, um gosto
De uva madura, um aroma de mosto
Desce da rubra luz do céu serrano.

Vem, noite grave. E assim chegasse o outono
Meu, tão sutil e manso como agora
Mesmo subiu a sombra serra acima...

Tudo se apague e a hora esqueça a hora,
Que só do sonho eu vivo, e grato é o sono
A quem provou seu dia de vindima.

# SONETO II

A quem provou seu dia de vindima
Votado ao outro lado, ao eco, ao nada,
Grata é a sombra mais longa e o fim da estrada
Começo de um descer, que é mais acima.

Grave, de uma tristeza inconsolada
Mas fiel, a minha sombra é a minha rima.
Princípio de um além que se aproxima
É o fim, talvez limiar de outra morada.

Gosto amargo e tão doce de ter sido
Poroso a tudo, alma aberta às auroras
Que hão de nascer, e ao lembrado e esquecido!

Saudade! mas saudade em que não choras
Senão cantando, o próprio mal vivido...
Que as horas voltem sempre, as mesmas horas!

# ORFEU

O dia morto nos meus ombros pesa
A sombra se deita na estrada comprida
Mas o leite da luz inunda a terra
E no meu gesto claro vive a vida.

Serei o sulco onde germinam sementeiras
As mil faces do amor me acompanham
Demônio, pólen das loucuras, anda!
Agita os mares, os ventos, as seivas.

Venho do fundo da amargura e me transformo
Na frauta leve das auroras, glória!
O dom da vida vibra no meu sopro

O hino sacode o turbilhão das forças
Rompe as fontes seladas, aleluia!
Que pura música atravessa o mundo?

# RETRATO NO AÇUDE

Ergue-se um vago véu
De neblina e solitude.
Cada vez mais alto, o céu
Profundo caiu no açude.

Que silêncio de horizonte!
Chegou a hora mais grave
Nem choro de sanga ou fonte,
Nem sussurro, vôo de ave.

Só um arrepio de brisa
De leve encrespa a água lisa.

No pálido céu vidrado
Procuro-me, e lá no fundo
Há um fantasma debruçado
Para os lados do outro mundo.

Em si mesmo dividido,
Fantasma perdido e achado,
És reflexo refletido,
Em teus olhos retratado.

Leio na face que eu vejo
Para o alto debruçada:
Sou tão próximo e distante!
Aceita o lúcido instante!
Não turves com teu desejo
A paz desta água parada.

# GLOSA

Aladas palavras
Papai um momento
Na pauta invisível
Do meu pensamento.

No dorso da sondas
Na curva das nuvens
No vôo das aves
Na auréola das luas
E em múrmuras frondes
No ritmo dos passos
Que esgotam as horas
Nos ventos violentos
Que esfolham a rosa,
Ouço-vos em tudo,
Aladas palavras!

Encheis todo o tempo
Desandais o sulco
Dos séculos idos,
Vazia, a cabeça
Dos Pálidos mortos
Ao sopro de um Nome
Bebe o sangue, a boca

Terrosa murmura
Aladas palavras,
O povo de sombras
Levanta-se e implora:
Parai um momento!

Ressumais a essência
Dos dias vividos
Sois o sal da terra
Signo sibilino
Sois pomba e serpente
Grande Mãe dos mitos
No templo do tempo
Aladas palavras!
Abelhas divinas
Zumbindo zumbindo
Notas de ouro, música
Na pauta invisível!

Aladas palavras
Dizei-me o segredo!
Ouço-vos em vão
Ouço e nada vejo!
Sois gritos perdidos
De antigos naufrágios?
Gemidos gemidos
Das mágoas do mundo?
Dai-me a dor de tudo!
Surdas são as ondas
Que enrolam na areia
Translúcida lâmina
Coroada de espuma
Salsugem monótona
Do meu pensamento...

# O POEMA

Corredor do tempo esquecido
Onde o eco responde ao eco,
Em vez de janelas, reflexo
De espelho e espelho, refletido.

Que passos repisando passos
Parados vão? A horas mortas,
Fria, uma presença esvoaça
De leves dedos, que abrem portas.

Longo é o caminho. Em qualquer parte
Rei dos Ratos rói os brinquedos.
Dos quatro cantos, lá no quarto
Sombras cochicham os teus segredos.

Onde a janela que se abria
Ao pôr-do-sol? Andando em frente,
Andando, andando, eu tocaria
No fim da terra, o ouro do poente.

Iriavam-se os cristais do lustre,
Na sala escura o espelho que arde!
Pulava a cortina, de susto,
Ao primeiro sopro da tarde.

Mas tudo agora é tão distante!
O rato rói o fio da história.
Só o arrepio de um instante
Sobe à surdina da memória...

Súbito, a hora morta no tempo
amadurece como um fruto!
No misterioso aroma, o poema
Recolhe a essência de um minuto.

# DISTÂNCIA

Há uma várzea no meu sonho,
Mas não sei onde será...
Em vão, cismando, transponho
Coxilhas enluaradas,
Cristas de serrilhadas,
Solidões do Caverá.

Leito de trevo e flechilha,
Várzea azul, da luz da lua.
Verde várzea – onde será?
No ar da tarde flutua
Fino aroma de espinilho
E de flor de maricá.

Era além do azul da serra,
Era sempre noutra terra,
Era do lado de lá...
Em vão, cismando, transponho
Poentes e madrugadas,
Intermináveis estradas
Perdidas ao deus-dará.

Há uma várzea no meu sonho,
Mas não sei onde será.

# TOANTE

Da outra margem do rio
Vem soprado na brisa
Um trêmulo gemido,
Um suspiro de sino.

Fino som, suave som
Roça leve na onda,
Vem de longe, tão longe!
Vem de lá não sei onde...

Vem assim ressoando
A uma enorme distância
Dia a dia, ano a ano,
Desde o fundo da infância...

É um murmúrio, um queixume
Anunciando o crespúsculo?
Sinto frio, sinto um brusco
Arrepio de susto...

# ERA UMA VEZ...

Quem passa? É o Rei, é o Rei que vai à caça!
Mal filtra o luar a sombra do arvoredo.
Joãozinho, a um restolhar, treme de medo,
Maria escuta, se uma folha esvoaça...

Era uma vez um rei... jogou a taça
Ao mar, e o amargo mar guarda o segredo...
E a princesinha que cortou o dedo?
Faz muito tempo... Como a vida passa!

Era uma vez a minha infância linda
E o sonho, o susto, o vago encanto alado...
Vem a saudade e conta-me baixinho

Velhas histórias... E eu já velho ainda
Sou um Pequeno Polegar cansado
Que pára e hesita, em busca do caminho...

*Hamburgo, 1954*

# LUAR DOS TRIGAIS

Ondula o campo e ondulam os trigais,
Suave palpitação de luar e brisa.
Que melodia tímida, imprecisa
Fala de nunca mais, de nunca mais?

Alguém canta. Lá no alto as Três Marias
Atiradas no espaço, empalidecem.
Na ondulação do campo os olhos crescem
De cisma, vão em busca de outros dias.

Vem do fundo da insônia a cisma, vem
Da sombra do meu sonho, desgarrada,
Sou eu mesmo o Assombrado, a alma penada...
Ó luar estirado em léguas de além!

Foi numa noite assim que há muito ouviste
A mesma queixa, nessa mesma toada,
E o andante, ao passar, deixou na estrada
Um nunca mais de melodia triste.

Palpitava lá no alto a mesma poeira
Trêmula, ó fria Estrada de Santiago!
Campos do céu, ó meu sidéreo pago!
Farol da infância, lume da Boieira!

Aroma do espinilho, flor do espinho,
Luar dos trigais, ingênua voz da trova,
Cantai na minha voz com alma nova,
Dai-me a perdida luz do meu caminho!

# ELEGIA DO ARPOADOR

*Es nehmet aber*
*Und gigt Gedächtmis die See,*
*Und die Lieb'auuch heftet fleissig die Augen.*
*Was bleibet aber, stiften die Dichter.*

*HOELDERLIN*

Ao mar, que só resmunga e não responde,
Digo o teu nome grande, e a vaga inquieta
Pergunta, ébria de vento, onde estás, onde?

Diabo zarolho! Trica-frotes! Poeta!
Digo um nome que o vento e o mar apaga,
Ardente apelo, súplica secreta...

Onde estás tu, e a soberana saga
Dos mares nunca de antes navegados,
Onde, senão na triste voz da vaga?

De viagens em países apartados,
Além da Taprobana, além da Sonda,
Que resta? Os ventos falam de afogados.

Túmida, a verde vaga se arredonda,
Sobe a lívida espuma no rochedo,
Roda na sombra a onda e empurra a onda.

Onde estás, onde estás? E o teu segredo
De mágoas, má Fortuna, amor e pranto,
Penar de Soïdade em teu degredo?

Meu poeta, em vão cantamos nosso canto:
Sonhos mais altos do que o Sete – Estrelo,
Noites de angústia, de procela e espanto
E desvariar, depois do vão desvelo!

Digo, e ao ouvir a voz do mar, ecoa
Em mim, como num búzio estranho, a tua...
Mais poderoso o teu canto ressoa
Quanto mais quebra a onda e tumultua...

Numa praia interior, indevassada,
Ouço não sei que música secreta:
Murmúrio só, e queixa... um verso... um nada...
maior que o mar, humana voz do Poeta!

# ELEGIA DE MAIO

Longo, lento, infindável o crepúsculo.
Na larga enseada uma tinta imprecisa
antes do lusco-fusco
insinua-se em tudo, esmaiada.
Corre um brusco arrepio de brisa,
encrespa-se de leve a água vidrada.

Difuso em tudo, o ouro da luz de outono
resiste, como a clara
recordação de um longo dia pára
e ainda hesita, antes da noite e o sono.

Escurecer que é quase amanhecer...
Um anão sei quê de claridade escura
diluído em tudo, em tudo arde e perdura:
já é quase noite o longo dia
e a noite espera e sonha; ainda é dia.

Lá no alto, o adeus da tarde que ficou...
É dia ainda, o sol acorda agora
no largo oceano de outra aurora,
mas derrama no seio do meu rio
todo o ouro do dia que passou.

Serena esta luz de outro em meu outono:
recordações, antes do grande sono...

# BIOGRAFIA

Bisneto de imigrantes alemães chegados ao Brasil em 1824, Augusto Meyer nasce em Porto Alegre no dia 24 de janeiro de 1902, filho de Augusto Ricardo Meyer e Rosa Meyer. Inicia sua formação no colégio do tio Emilio Meyer e ingressa depois no Colégio Anchieta. Esta primeira fase de sua vida está poeticamente retratada no livro *Segredos da infância* (1949), sendo que sua adolescência encontra o registro definitivo em *No tempo da flor* (1966). Em 1919 publica na revista *A máscara* seu primeiro texto, um conto, intitulado "O Pastelão". Em 1923 publica uma plaquete de versos intitulada *Ilusão querida* cujos poemas não serão reproduzidos. Participa intensamente da vida literária da Província, escrevendo de forma regular crônicas e poemas para os jornais *Correio do Povo* e *Diário de Notícias*. Liga-se a outros intelectuais da época, Theodemiro Tostes, Miranda Netto, Sotero Cosme, Paulo de Gouvêa, Ruy Cirne Lima e Mario Quintana. Com os três primeiros e J. M. A. Cavalcanti e João Santana, Meyer funda a revista *Madrugada*, em 1926. A publicação dura apenas quatro números e nela o poeta usa o pseudônimo de Tristão Dada. Neste mesmo ano edita *Coração verde* pela Livraria do Globo que publicava os novos autores gaúchos. Em 1931, casa-se com Sara de Souza Meyer. Tem dois filhos, Augusto e Maria Lívia. Em 1937, transfere-se para o Rio de Janeiro e é nomeado Diretor do Instituto Nacional do Livro (INL), cargo que ocupa até 1956. A convite do Departamento de Estado norte-americano e em missão cultural do Itamarati, visita os Estados Unidos. Em 1952, ministra curso de Teoria Literária na Faculdade Nacional de Filosofia da Universidade do Brasil, voltando a lecionar a mesma disciplina em 1965. Em 1954, viaja à Europa e leciona Estudos Brasileiros na Universidade de Hamburgo, Alemanha. Suas viagens ao exterior são objeto de crônicas incluídas no livro *A chave e a máscara* (1964). Eleito para a Academia Brasileira de Letras, em 1960, ocupa a cadeira de número 13, cujo patrono é o Visconde de Taunay. De 1961 a 1967 torna a dirigir o INL. Em 1966 integra a Câmara de Ciências Humanas do Conselho Federal de Cultura. Falece a 10 de julho de 1970, no Rio de Janeiro.

# BIBLIOGRAFIA DE AUGUSTO MEYER

*Ilusão querida.* Porto Alegre, Tipografia do Centro, s.d.
*Coração verde.* Porto Alegre: Livraria do Globo, 1926 (2ª ed. 1929).
*Giraluz.* Porto Alegre: Livraria do Globo, 1928.
*Duas orações.* Porto Alegre: Livraria do Globo, 1928.
*Poemas de Bilu.* Porto Alegre: Livraria do Globo, 1929 (2ª ed. Rio de Janeiro: Pongetti, 1955).
*Sorriso interior.* Porto Alegre: Livraria do Globo, 1930.
*Literatura e poesia.* Porto Alegre: Tipografia Thurmann, 1931.
*Machado de Assis.* Porto Alegre: Livraria do Globo, 1935 (2ª ed. Rio de Janeiro: Simões, 1952).
*Prosa dos Pagos.* Rio de Janeiro: Martins, 1943 (2ª ed. Rio de Janeiro: São José, 1960. 3ª ed. Rio de Janeiro: Presença Edições, INL-MERC, 1980).
*À sombra da estante.* Rio de Janeiro: José Olympio, 1947 (2ª ed. Rio de Janeiro: José Olympio, 1954).
*Segredos da infância.* Porto Alegre: Livraria do Globo, 1949 (2ª ed. O Cruzeiro, 1966).
*Guia do folclore gaúcho.* Rio de Janeiro: Aurora, 1951 (2ª ed. Rio de Janeiro: Presença, SEC-RS-MEC, 1975).
*Cancioneiro gaúcho.* Porto Alegre: Globo, 1952 (2ª ed. 1959).

*Le Bateau Ivre* (análise e interpretação). Rio de Janeiro: São José, 1955.

*Últimos poemas*. Rio de Janeiro: São José, 1955.

*Preto & branco*. Rio de Janeiro: Instituto Nacional do Livro – MEC, 1956 (2ª ed., Rio de Janeiro: Grifo, 1971).

*Poesias* (1922-1955). Rio de Janeiro: São José, 1957.

*Gaúcho, história de uma palavra*. Porto Alegre: Instituto Estadual do Livro, 1957.

*Camões, o bruxo e outros estudos*. Rio de Janeiro: São José, 1958.

*Machado de Assis* (1935-1958). Rio de Janeiro: São José, 1958.

*A chave e a máscara*. Rio de Janeiro: O Cruzeiro, 1964.

*A forma secreta*: Rio de Janeiro: Lidador, 1965 (2ª ed., Rio de Janeiro: Grifo, 1971, 3ª ed., Rio de Janeiro: Francisco Alves, 1981).

*No tempo da flor*. Rio de Janeiro: O Cruzeiro, 1966.

*Segredos da infância e No tempo da flor*. Porto Alegre: IEL – Ed. UFRGS, 1996.

ANTOLOGIAS

*Antologia poética*. Rio de Janeiro: Leitura, s.d. Organizada por Ovídio Chaves.

*Augusto Meyer – seleta em prosa e verso*. Rio de Janeiro: Instituto Nacional do Livro – MEC, 1973. Organizada por Darcy Damasceno.

*Textos críticos – Augusto Meyer*. São Paulo: Perspectiva/Pró-Memória, Instituto Nacional do Livro – MEC, 1986. Organizada por João Alexandre Barbosa.

# BIBLIOGRAFIA RESUMIDA SOBRE AUGUSTO MEYER

ANDRADE, Mário de. *Mário de Andrade escreve cartas a Alceu, Meyer e outros*. Rio de Janeiro: Ed. do Autor, 1968.

ASSIS BARBOSA, Francisco de. *Discursos da Academia*. Rio de Janeiro: José Olympio, 1971.

ATHAYDE, Tristão de. *Estudos*. 2ª série. Rio de Janeiro: Terra do Sol, 1928.

———. *Estudos*. 3ª série. Rio de Janeiro: A Ordem, 1930.

BANDEIRA, Manuel. *Apresentação da poesia brasileira*. Rio de Janeiro: s. ed., 1946.

BARBOSA, João Alexandre. *OPUS 60 – Ensaios de crítica*. São Paulo: Duas Cidades, 1980.

CARPEAUX, O. M. "O crítico Augusto Meyer". In: *Livros na mesa* (estudos críticos). Rio de Janeiro: São José, 1960.

CARVALHAL, Tania Franco. *O crítico à sombra da estante*. Porto Alegre: Globo – IEL, SEC-RS, 1976.

———. "Meyer, a chave e as máscaras". In: Caderno de Sábado. *Correio do Povo*. Porto Alegre, 12 jul. 1980.

———. "Borges & Meyer: além da epígrafe." *Revista Oitenta*. Porto Alegre, L&PM Editores, 1982.

CARVALHAL, Tania Franco. *A evidência mascarada – uma leitura da poesia de Augusto Meyer.* Porto Alegre: L&PM Editores-INL, MEC, 1984.

CESAR, Guilhermino. *Rio Grande do Sul – terra e povo.* 2ª ed. Porto Alegre: Globo, 1969.

——. "No tempo da flor". *Correio da Manhã.* Rio de Janeiro, 2 dez. 1967.

——. "Memorialismo e poesia". Caderno de Sábado. *Correio do Povo.* Porto Alegre, 12 jul. 1980.

CUNHA, Fausto. *A luta literária.* Rio de Janeiro: Lidador, 1964.

——. *A leitura aberta.* Rio de Janeiro: Cátedra-INL, 1978.

GOUVÊA, Paulo de. *O Grupo.* Porto Alegre: Movimento – IEL, 1976.

HECKER FILHO, Paulo. "Se me derem a escolher..." *Correio do Povo,* 31 out. 1970.

LEITE, Ligia C. M. *Modernismo no Rio Grande do Sul.* São Paulo: USP, 1972.

LINS, Álvaro. *Jornal de crítica.* 4ª série, Rio de Janeiro: José Olympio, 1946.

MARTINS, Cyro. *Rodeio – estampas e perfis.* Porto Alegre: Movimento, 1976.

MORAES, Carlos Dante de. "A poesia de Augusto Meyer e a infância". In: Meyer, A. *Poesias.* Rio de Janeiro: São José, 1957.

——. *Alguns estudos e um fragmento de autobiografia.* Porto Alegre: Movimento, 1975.

PEREZ, Renard. *Escritores brasileiros contemporâneos.* Rio de Janeiro: Civilização Brasileira, s.d.

PICCHIO, Luciana St. *La Letteratura Brasiliana.* Milão: Sansoni/Accademia, 1972.

REVERBEL, Carlos. "Augusto Meyer e a querência". *Correio do Povo*, Porto Alegre, 13 jun. 1956.
SCHÜLER, Donaldo. "Augusto Meyer: a palavra e o mito." Caderno de Sábado, *Correio do Povo*, 31 out. 1970.
SILVA RAMOS, Péricles Eugênio. "Poesias de Augusto Meyer". *Folha da Manhã*, 27 out. 1957.
SILVEIRA, Ênio. "Augusto Meyer, o Instituto e o livro". In: *Boletim Bibliográfico Brasileiro*, 1 (6): 11, nov./dez. 1953.
SODRÉ, Nelson W. "O guia e o cancioneiro". *Correio do Povo*, 20 jun. 1953.
TOSTES, Theodemiro. "AUG". Caderno de Sábado. *Correio do Povo*, 31 out. 1970.
VELLINHO, Moysés. "O poeta e o crítico". In: *Letras da Província*. Porto Alegre: Globo, 1960.
VILLAS-BOAS, Pedro. *Notas de bibliografia sul-rio-grandense*. Porto Alegre: A Nação, 1974.
ZAGURY, Eliane. "O coração verde de Augusto Meyer". *Jornal do Brasil*, Rio de Janeiro, 22 set. 1973.
——. *A escrita do Eu*. Rio de Janeiro: Civilização Brasileira. Brasília: INL, 1982.

# ÍNDICE

Quanto mais vaga, mais viva ............................. 7

### ALGUNS POEMAS (1922-1923)

Sanga funda ............................................. 35
Flor de Maricá .......................................... 36
A paleta do poeta ....................................... 37

### CORAÇÃO VERDE (1926)

Poeta ................................................... 41
Umbu .................................................... 42
Poema desta manhã ....................................... 43
Sombra verde ............................................ 44
Brinde .................................................. 45
Malícia ................................................. 46
Ironia sentimental ...................................... 47
Querência ............................................... 48
Serão de junho .......................................... 49
Gaita ................................................... 50
Cantiga de roda ......................................... 51

### GIRALUZ (1928)

Espelho ................................................. 55
Susto ................................................... 56

Noturno das quatro queimadas ............................ 57
Canção do minuto pueril ..................................... 58
Oração da estrela boieira ..................................... 59
Elegia do limão verde ......................................... 60
Elegia para Marcel Proust ................................... 62
Milagre ................................................................ 64

## DUAS ORAÇÕES (1928)

Oração ao negrinho do pastoreio ......................... 67
A impossível oração ............................................ 70

## POEMAS DE BILU (1929)

Balada-prefácio .................................................. 73
Bilu ..................................................................... 75
Coro dos satisfeitos ............................................. 77
Balada de Bilu .................................................... 78
Chewing gum ..................................................... 79
Canção do chus .................................................. 80
Delirismo ............................................................ 81
Minuano ............................................................. 82
Balada e canha ................................................... 84
Bailada ............................................................... 85
Canção bicuda .................................................... 86
Andante .............................................................. 87
Solo do flautista atrás da grade ........................... 88
A Mário Quintana ............................................... 89
Adágio para Sotero Cosme ................................. 90
Canção encrencada ............................................. 92
Prelúdio da gota ................................................. 93
Animula vagula .................................................. 94
Madrigal sem jeito .............................................. 96
A alma e Bilu, diálogo ........................................ 97
AUG .................................................................... 98
Noturno porto-alegrense ..................................... 99

## LITERATURA & POESIA (1931)

Metapatafísica .................................................. 105
Antonello .......................................................... 107
O outro .............................................................. 109
Não faça isso .................................................... 111
Poema ................................................................ 113
Autro-retrato .................................................... 115
Mais metapatafísica ........................................ 117
Psiu .................................................................... 118

## FOLHAS ARRANCADAS (1940-1944)

Praça do Paraíso ............................................. 123
A mensagem perdida ..................................... 124
Pesadelo do pedante ...................................... 125

## ÚLTIMOS POEMAS (1950-1955)

Cemitério campeiro ........................................ 129
Soneto I ............................................................. 133
Soneto II ........................................................... 134
Orfeu .................................................................. 135
Retrato no açude ............................................. 136
Glosa .................................................................. 138
O poema ............................................................ 140
Distância ........................................................... 142
Toante ................................................................ 143
Era uma vez ..................................................... 144
Luar dos trigais ............................................... 145
Elegia do arpoador ......................................... 147
Elegia de maio ................................................. 149
Biografia ........................................................... 151
Bibliografia de Augusto Meyer .................... 153
Bibliografia resumida sobre Augusto Meyer ...... 155

# COLEÇÃO MELHORES CONTOS

*Aníbal Machado*
Seleção e prefácio de Antonio Dimas

*Lygia Fagundes Telles*
Seleção e prefácio de Eduardo Portella

*Breno Accioly*
Seleção e prefácio de Ricardo Ramos

*Marques Rebelo*
Seleção e prefácio de Ary Quintella

*Moacyr Scliar*
Seleção e prefácio de Regina Zilbermann

*Machado de Assis*
Seleção e prefácio de Domício Proença Filho

*Herberto Sales*
Seleção e prefácio de Judith Grossmann

*Rubem Braga*
Seleção e prefácio de Davi Arrigucci Jr.

*Lima Barreto*
Seleção e prefácio de Francisco de Assis Barbosa

*João Antônio*
Seleção e prefácio de Antônio Hohlfeldt

*Eça de Queirós*
Seleção e prefácio de Herberto Sales

*Mário de Andrade*
Seleção e prefácio de Telê Ancona Lopez

*Luiz Vilela*
Seleção e prefácio de Wilson Martins

*J. J. Veiga*
Seleção e prefácio de J. Aderaldo Castello

*João do Rio*
Seleção e prefácio de Helena Parente Cunha

*Ignácio de Loyola Brandão*
Seleção e prefácio de Deonísio da Silva

*Hermilo Borba Filho*
Seleção e prefácio de Silvio Roberto de Oliveira

*Lêdo Ivo*
Seleção e prefácio de Afrânio Coutinho

*Bernardo Élis*
Seleção e prefácio de Gilberto Mendonça Teles

*Clarice Lispector*
Seleção e prefácio de Walnice Nogueira Galvão

*Autran Dourado*
Seleção e prefácio de João Luiz Lafetá

*Simões Lopes Neto*
Seleção e prefácio de Dionísio Toledo

*Ricardo Ramos*
Seleção e prefácio de Bella Jozef

*Joel Silveira*
Seleção e prefácio de Lêdo Ivo

*Marcos Rey*
Seleção e prefácio de Fábio Lucas

*João Alphonsus*
Seleção e prefácio de Afonso Henriques Neto

*Artur Azevedo*
Seleção e prefácio de Antonio Martins de Araújo

*Ribeiro Couto\**
Seleção e prefácio de Alberto Venancio Filho

*PRELO\**

# COLEÇÃO MELHORES POEMAS

*CASTRO ALVES*
Seleção e prefácio de Lêdo Ivo

*LÊDO IVO*
Seleção e prefácio de Sergio Alves Peixoto

*FERREIRA GULLAR*
Seleção e prefácio de Alfredo Bosi

*MARIO QUINTANA*
Seleção e prefácio de Fausto Cunha

*CARLOS PENA FILHO*
Seleção e prefácio de Edilberto Coutinho

*TOMÁS ANTÔNIO GONZAGA*
Seleção e prefácio de Alexandre Eulalio

*MANUEL BANDEIRA*
Seleção e prefácio de Francisco de Assis Barbosa

*CECÍLIA MEIRELES*
Seleção e prefácio de Maria Fernanda

*CARLOS NEJAR*
Seleção e prefácio de Léo Gilson Ribeiro

*LUÍS DE CAMÕES*
Seleção e prefácio de Leodegário A. de Azevedo Filho

*GREGÓRIO DE MATOS*
Seleção e prefácio de Darcy Damasceno

*ÁLVARES DE AZEVEDO*
Seleção e prefácio de Antonio Candido

*MÁRIO FAUSTINO*
Seleção e prefácio de Benedito Nunes

*ALPHONSUS DE GUIMARAENS*
Seleção e prefácio de Alphonsus de Guimaraens Filho

*OLAVO BILAC*
Seleção e prefácio de Marisa Lajolo

*JOÃO CABRAL DE MELO NETO*
Seleção e prefácio de Antonio Carlos Secchin

*FERNANDO PESSOA*
Seleção e prefácio de Teresa Rita Lopes

*AUGUSTO DOS ANJOS*
Seleção e prefácio de José Paulo Paes

*BOCAGE*
Seleção e prefácio de Cleonice Berardinelli

*MÁRIO DE ANDRADE*
Seleção e prefácio de Gilda de Mello e Souza

*PAULO MENDES CAMPOS*
Seleção e prefácio de Guilhermino César

*LUÍS DELFINO*
Seleção e prefácio de Lauro Junkes

*GONÇALVES DIAS*
Seleção e prefácio de José Carlos Garbuglio

*AFFONSO ROMANO DE SANT'ANNA*
Seleção e prefácio de Donaldo Schüler

*HAROLDO DE CAMPOS*
Seleção e prefácio de Inês Oseki-Dépré

*GILBERTO MENDONÇA TELES*
Seleção e prefácio de Luiz Busatto

*GUILHERME DE ALMEIDA*
Seleção e prefácio de Carlos Vogt

*JORGE DE LIMA*
Seleção e prefácio de Gilberto Mendonça Teles

*CASIMIRO DE ABREU*
Seleção e prefácio de Rubem Braga

*MURILO MENDES*
Seleção e prefácio de Luciana Stegagno Picchio

*PAULO LEMINSKI*
Seleção e prefácio de Fred Góes e Álvaro Marins

*RAIMUNDO CORREIA*
Seleção e prefácio de Telenia Hill

*CRUZ E SOUSA*
Seleção e prefácio de Flávio Aguiar

*DANTE MILANO*
Seleção e prefácio de Ivan Junqueira

*JOSÉ PAULO PAES*
Seleção e prefácio de Davi Arrigucci Jr.

*CLÁUDIO MANUEL DA COSTA*
Seleção e prefácio de Francisco Iglésias

*MACHADO DE ASSIS*
Seleção e prefácio de Alexei Bueno

*HENRIQUETA LISBOA*
Seleção e prefácio de Fábio Lucas

*AUGUSTO MEYER*
Seleção e prefácio de Tania Franco Carvalhal

*RAUL DE LEONI\**
Seleção e prefácio de Pedro Lyra

*BUENO DE RIVERA\**
Seleção e prefácio de Wilson Figueiredo

*ALVARENGA PEIXOTO\**
Seleção e prefácio de Antonio Arnoni Prado

*RIBEIRO COUTO\**
Seleção e prefácio de José Almino

*CESÁRIO VERDE\**
Seleção e prefácio de Leyla Perrone-Moisés

*ANTERO DE QUENTAL\**
Seleção e prefácio de Benjamin Abdala Junior

*PRELO\**

Impressão e acabamento:
**GRÁFICA PAYM**
Tel. (011) 4392-3344